鬼谷子

于立文 主编

叁

辽海出版社

目 录

目 录

第三章 内 揵

内揵第一……………………………………… (3)
 一、楚灵王的重用……………………………… (5)
 二、厉公讨伐郤氏……………………………… (6)
 三、石碏大义灭亲……………………………… (9)
 四、景公求雨…………………………………… (11)
 五、奉令承教…………………………………… (12)
 六、思百姓之苦的晏子………………………… (13)
 七、追女失妻…………………………………… (16)

八、不听劝的商鞅 …………………………… (17)

九、罚不当罪 ………………………………… (20)

一〇、秦庭之哭 ……………………………… (21)

一一、飞扬跋扈 ……………………………… (24)

一二、钩心斗角 ……………………………… (25)

一三、含沙射影 ……………………………… (27)

一四、齐宣王的王道 ………………………… (27)

一五、秦穆公接待由余 ……………………… (29)

一六、指鹿为马的赵高 ……………………… (31)

一七、刘邦与民约法三章 …………………… (36)

一八、汉景帝杀晁错 ………………………… (39)

一九、远离帝王的贾谊 ……………………… (45)

二〇、遭到陷害的邹阳 ……………………… (47)

二一、苍鹰的悲剧 …………………………… (51)

二二、李陵战败匈奴 ………………………… (55)

二三、攻守兼备的韦孝宽 …………………… (57)

二四、崔仲方见高祖 ………………………… (61)

二五、拓拔力微杀儿 ………………………… (64)

二六、杨广重金贿父姬 ……………………… (66)

二七、兵不血刃 ……………………………… (67)

目 录

二八、修饰边幅 …………………………… (68)

二九、虚张声势 …………………………… (69)

三○、扬眉吐气 …………………………… (71)

三一、扬扬得意 …………………………… (71)

三二、怡然自得 …………………………… (73)

内揵第二 …………………………………… (75)

一、立木树威信 …………………………… (77)

二、河伯娶媳妇 …………………………… (79)

三、马骨变出千里马 ……………………… (83)

四、青蝇报赦 ……………………………… (85)

五、掣肘难书 ……………………………… (87)

六、沆瀣一气 ……………………………… (89)

七、河清难俟 ……………………………… (90)

八、黑白混淆 ……………………………… (91)

九、国乱思良相 …………………………… (92)

一○、苏代进谗言 ………………………… (93)

一一、竹简上的刻字 ……………………… (95)

一二、封侯后的商鞅 ……………………… (96)

一三、得到信任的范雎 …………………… (100)

一四、逃亡的卢绾 ………………………… (103)

一五、审时度势的陆贾 …………………… (105)

一六、有城府的杨约 ……………………… (110)

一七、袁盎的心机 ………………………… (112)

一八、含冤而死的胡建 …………………… (120)

一九、曹操的良臣杜畿 …………………… (124)

二〇、陆侯单骑平叛乱 …………………… (128)

二一、毛笔先生怀才不遇 ………………… (134)

二二、阴险的尚结赞 ……………………… (136)

二三、唐顺宗的宠臣 ……………………… (137)

二四、迫害官僚的魏忠贤 ………………… (142)

二五、源源而来 …………………………… (147)

二六、沾沾自喜 …………………………… (148)

二七、辗转反侧 …………………………… (149)

二八、正襟危坐 …………………………… (150)

二九、趾高气扬 …………………………… (151)

内揵第三 ……………………………………… (153)

一、荆庄王茅门之法 ……………………… (155)

二、楚灵王的末路 ………………………… (156)

三、苏代替甘茂游说 ……………………… (160)

四、大义灭亲 ……………………………… (162)

目 录

五、奉公守法…………………………（164）

六、狐假虎威…………………………（165）

七、淳于髡请救兵……………………（168）

八、刘秀论政…………………………（169）

九、沧海桑田…………………………（170）

一〇、白面书生………………………（172）

一一、白云苍狗………………………（173）

一二、半面之识………………………（174）

一三、半途而废………………………（175）

一四、晋灵公桃园打鸟………………（176）

一五、卫国人的雕刻…………………（182）

一六、范宣子致歉戎人………………（183）

一七、李斯的处世哲学………………（185）

一八、克敌制胜的张兴世……………（189）

一九、陈康迎吴汉……………………（192）

二〇、西晋忠臣张华…………………（194）

二一、晋朝公卿王戎…………………（200）

二二、乱世能臣赵俨…………………（205）

二三、二疏辞官………………………（210）

第四章　抵巇

抵巇第一…………………………………（215）
 一、赵简子爱士…………………………（217）
 二、齐闵王丧国…………………………（221）
 三、画地为牢……………………………（227）
 四、十二金人……………………………（229）
 五、桀犬吠尧……………………………（230）
 六、口蜜腹剑……………………………（232）
 七、狼子野心……………………………（233）
 八、利用敌军的尸体……………………（234）
 九、娶谁做妻子…………………………（236）
 一〇、贾诩谏君…………………………（238）
 一一、说服秦将白起……………………（239）
 一二、萧望之之死………………………（240）
 一三、周武王积累德行…………………（246）
 一四、失之毫厘，差以千里……………（247）
 一五、丁鸿杜渐防萌……………………（249）
 一六、将军迷途知返……………………（251）
 一七、安兴贵招抚李轨…………………（252）

一八、应高游劝胶西王…………………（254）

一九、杯弓蛇影………………………（256）

二〇、比肩接踵………………………（258）

二一、变本加厉………………………（259）

二二、病从口入，祸从口出…………（260）

二三、不痴不聋，不做家翁…………（260）

抵巇第二………………………………（262）

一、少年使臣…………………………（263）

二、用赞扬的话进行批评……………（266）

三、从善如流…………………………（267）

四、食鱼无……………………………（269）

五、尾大不掉…………………………（271）

六、狼狈为……………………………（272）

七、两面三刀…………………………（273）

八、落井下石…………………………（274）

九、介子推的故事……………………（276）

第三章　内　捷

第三章 内揵

内①揵第一

君臣上下之事，有远而亲，近而疏；就之不用，去之反求②。日进前而不御，遥闻声而相思③，事皆有内揵④。

素结本始，或结以道德⑤，或结以党友，或结以财货，货结以采色。用其意，欲入则入，欲出则出，欲亲则亲，欲疏则疏，欲就则就，欲去则去，欲求则求，欲思则思。

若蚨母⑥之从其子也，出无间，入无朕，独往独来，莫之能止。

【注释】

①内：纳的意思，也就是叙述自己的观点。

②就之不用，去之反求：就，俯就。去，离开。陶弘景注："非其意则就之而不用，顺其事则去之而反求。"

③日进前而不御,遥闻声而相思:御,用。陶弘景注:"分违则日进前而不御,理契则遥闻声而相思。"

④事皆有内捷:意谓上述六种似乎反常的现象,实际上都是由内情联结如何决定的。

⑤或结以道德:意为在道德情操上取得一致。

⑥蚨母:青蚨之母。《搜神记》:"(南方有虫)名青蚨……取其子,母必飞来,不以远近。虽潜取其子,母必知处。"

【译文】

君臣上下之间的关系相当复杂,有的距离虽远却很亲密,有的相隔很近反而关系疏远。有的主动攀附君主反而得不到任用,有的离开了反而被君主相求;有的天天都在君主面前不

被差遣,有的君主远远闻其名声便朝思暮想。

交往之始,有的以道德结交,有的以结交党羽的政治方式结交,有的用财物的方式结交,有的以封地来结交。只要摸清君主的心意,善于逢迎其意,那么君主随其臣意,想要从政就能从政,想要离开就离开,想要亲近就能亲近,想要疏远就疏远,想要出仕就出仕,想要退隐就退隐,想要进求就能进求,想要思念就思念。

第三章　内揵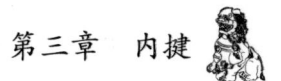

君主对待臣就像母蜘蛛放纵它的幼子一般，出去没有时间，进来没有征兆，独来独去，没有谁能够阻止它。

【感悟】

看君臣之间的亲疏的程度，不是取决于臣下离君主远近，而是取决于君主委托臣下所办之事重要与否。有的离君主很近，却不一定是宠臣，有的虽然离君主很远，却能得到君主的重用。

【故事】

一、楚灵王的重用

春秋时期，楚灵王消灭了陈、蔡两个小国之后，准备在蔡设置城邑，派楚公子弃疾担任蔡公，管理蔡地的事务。当时，楚公子弃疾已经手握重权，名闻诸侯，如果再让他担任蔡公，掌管蔡地，就像是为虎添翼，留下隐患。为此申无宇委婉地说："最了解儿子的莫过如父亲，最了解臣子的莫过如君王，公子弃疾是大王的儿子，如何安排是大王的事。不过我听说从前郑庄公建栎城，后来两个儿子争王位，盘踞在栎城的那个最终夺得王位。相反，齐桓公建谷城，派外人管仲掌管城中事

务,到今天仍然平安无事。这就是亲贵大臣不宜出任地方官,逃亡来的臣子不宜担任朝中要职的原因啊!大王难道不应该再认真考虑吗?"

楚灵王听后,沉吟了一会儿,然后又问道:"一个国家除了都城外,如果另外还有一座大城,那将会怎样呢?"申无宇回答说:"历史上诸侯各国据大城反叛的例子很多,从前郑庄公的弟弟段据京城反叛,守国的大臣据萧、亳异地杀了君主子游,齐大臣雍廪据渠丘杀齐君无知,卫大臣宁殖、孙林父据蒲、戚异地驱逐了国君。因此一个国家别外还有一座大城是非常危险的,就像树枝的末端过重会折断,动物的尾巴过大难以摇动一样,这些简单的道理,大王应该知道("末大必折,尾大不掉,君所知也"。)"

但楚灵王最终还是拒绝了申无宇的劝告,坚持让弃疾担任陈蔡公,负责陈、蔡地的事务。

二、厉公讨伐郤氏

晋厉公奢侈,有很多宠信的大夫。从哪陵回来,打算全部废掉其他大夫,而立他的身边宠信的人。胥童因

第三章 内揵

为胥克被废,怨恨郤氏,却为质公完信。郤锜夺占夷阳伍的土地,夷阳伍也被污公宠信。部犫同长鲁矫争夺土地,郤犫把长鱼矫抓起来并且囚禁他,和他的父母妻子儿女系在一根车辕上。不久以后,长鱼矫也被厉公宠信。栾书怨恨郤至,因为他不听从自己的主意而让楚军打了败仗,想要废掉他。派楚国的公子茂告诉厉公说:"这一战役,实在是郤至召来我们的国君的,因为东面齐国、鲁国、卫国的军队还没有到和晋军的统帅还没有完全出动,他说:'这一战晋国一定失败,我乘机拥立孙周来事奉君王。'"厉公告诉栾书。栾书说:"大概有这么回事。否则,难道他不顾虑死而接受敌人的使者吗?君王何不试着派他去周王室并以此考察考察他呢?"郤至到周王室报告鄢陵之战的胜利,栾书派孙周接见他。厉公派人窥视,相信了,于是怨恨郤至。

厉公打猎,与女人一起先射猎禽兽然后喝酒,然后让大夫射猎。郤至奉献野猪,夺人孟强夺走野猪,郤至射死了孟强。厉公说:"季子欺负我!"

厉公准备发动祸难,胥童说:"一定要先从三郤开刀。他们族大,怨恨多。铲除大族,公室不受逼迫,讨伐多怨的人,容易有功。"厉公说:"是这样。"郤氏听

说这些后,郤锜想要攻打厉公,说:"即使死,国君也一定危险了。"邵至说:"人之所以能够站得住,是因为信用、明智、勇敢。讲信用就不背叛国君。明智就不伤害百姓,勇敢就不发动祸乱。丢掉这三样,还有谁亲近我?死了又增多怨恨。还有什么用?国君拥有巨子而杀了他们,又能把国君怎么样?我如果有罪过,我死得已经晚了。如果杀了没有罪过的人,将要失掉百姓,想要安定,能做得到吗?还是听候命令吧。接受了国君的俸禄,因此才能聚集亲族。有了亲族而同国君相争,还有比这更大的罪过吗?"

鲁成公十七年二十六日,胥童、夷阳伍率领身穿铠甲的八百名战士攻打郤氏,长鱼矫请求不要兴师动众,厉公派清沸俄去帮助他们。长鱼矫和清沸魋抽出戈,衣襟相结,假装成争吵的人。三部准备在台榭里计议,长鱼矫乘机用戈把驹伯、若成叔刺死在他们的座位上。郤至说:"被杀不如逃避。"说着就快步奔逃。长鱼矫追上他的车子,用戈刺死了他。三郎的尸体都放在朝廷上。

胥童带领甲士在朝廷上劫持了栾书、中行偃。长鱼矫说:"不杀这两个人,忧患一定会到国君身上。"厉公说:"一天之中已有三位卿的尸体陈于朝廷上,我不忍

第三章 内捷

心增加了。"长鱼矫回答说:"栾书、中行偃会对君王忍心的。我听说祸乱发生在外是奸,在内是轨。用德行来对待奸,用刑罚来对待轨。不施教化就杀掉,不能说是有德行;做巨子的逼迫君王而不讨伐,不能说有刑罚。德行、刑罚都没有树立起来,外患、内乱就起来,我请求离开。"于是逃亡到狄国。厉公派人向来书和荀但辞谢说:"我讨伐郤氏,郤氏已经罪有应得,大夫不要把劫持的事作为耻辱,还是复职、复位吧!"他们都再拜叩头说:"君王讨伐有罪的人,而赦免了我们不死,这是君王的恩惠,我们两人即使死,也不敢忘记君王的恩德。"于是都回去了。厉公让胥童做卿。

厉公在匠丽氏那里游玩,栾书、中行偃就乘机抓住了他。

三、石碏大义灭亲

战国时代,卫国百姓因为州吁杀了卫桓公自立为王,并且任意驱使他们去打仗,对此十分不满,要派人到洛阳告诉周王。州吁非常着急,便和他的同谋者石厚商量如何稳定人心,石厚说:"我父亲在朝廷德高望重,

9

鬼谷子

如果把他老人家请出来，事情就好解决了。"

石厚父亲石碏本是卫桓公重臣，因不满卫州吁的所作所为，告老还乡。今见石厚来问，便说："诸侯即位应得周王的同意，如果周王答应了，还有什么说的。"石厚问："怎样才能得到周王同意呢？"石碏答道："陈桓公得宠于周王，又和我们相处得很好，如果你们能够得到陈桓公帮助，在周王面前说几句好话，周王一定会答应的。"石厚把他父亲的话转告州吁，两人大喜，立即带些礼物到陈国去。

石碏也写了一封信，暗地里派人送给陈桓公，大意说：卫国不幸，出了祸国殃民的乱臣，这都应由州吁和石厚两人负责。我年老了，无力处治他们，只好想办法让他们上贵国，请你本着正义，惩治他们，为卫国除害。

州吁和石厚一到陈国，就被陈桓公逮捕了。陈桓公派人到卫国问如何处置这两个人，卫国派右宰丑赴陈国杀了州吁。对于石厚，大家为了讨好石碏，都主张从轻处治。但石碏说："小子不忠不义，留下他又有什么用。"立即派管家獳羊肩到陈国把石厚杀了。石碏以国家之大义灭父子之私亲的做法，得到后世人的称赞。

四、景公求雨

有一年，齐国发生了大旱灾，错过了播种季节。国王景公召集群臣，问道："天很久没有下雨了，老百姓很快就要挨饿了。我叫人占卜，说这是山神河伯在作怪，我想稍微征收一点钱来祭祀山神，可以吗？"臣子们都默然不语。

相国晏子走上前去对国王说："不行，祭祀山神没有用处。山神本来就是用石头作躯体，用草木作毛发。这么长时间没下雨，山神的毛发将会晒得枯焦，躯体将要晒得滚烫。它难道不要雨吗？你去祭祀它，有什么用呢！"

景公说："如果不祭祀山神，我打算去祭祀河伯，可以吗？"

晏子说："不行，水是河伯国土，鱼鳖是河伯的臣民。长时间不下雨，泉水将要枯竭，地要干裂。它的国土将要沦丧；它的臣民也将干死。它难道不要雨吗？你去祭祀它，又有什么用呢！"

景公说："那么，现在怎么办呢？"

鬼谷子

晏子说:"国君如果能够离开宫室,到外面经受日晒夜露,同山神、河伯一样,为自己的土地和人民担忧,天也许会要下一场雨呢。"

景公听了晏子的话,就走出深宫,来到荒野,日晒夜露,察看民情。三天以后,天果然下了倾盆大雨,全国的老百姓都能栽种了。

五、奉令承教

战国时,燕国有一个大将叫乐毅,中山国灵寿(今属河北)人,是燕国著名的大将乐羊的后代,祖上世代为将。燕昭王二十八年(公元前284年),乐毅率军打败齐国,先后攻下七十多座城池,因为有功被封于昌国(今山东淄博东南),号昌国君。

乐毅率军攻破齐国以后,将齐军孤守的莒城和即墨两座城整整围困了三年,并想以收服人心的办法,攻占这两座城。公元前279年,燕昭王死了,燕惠王即位。齐将田单施用了反间计,导致燕惠王用大将骑劫代替了乐毅,乐毅担心回国后会被燕惠王杀掉,便逃到赵国。

骑劫取代了乐毅以后,完全改变了乐毅的战略方

第三章　内揵

针,准备一举攻下即墨。但事与愿违,反而被田单用"火牛阵"打败,齐军一举收复了七十多座城池。骑劫大败以后,燕惠王又想起了乐毅,便写了一封信,请乐毅回来。乐毅给燕惠王回了一封信,说明他不能回来。信中写道:贤圣之君不以爵禄私自赏给亲信的人,而是有功者赏。能胜任某种职务的,就使他担任某种官职。先王(指燕昭王)待我恩情很深,重用封为亚卿。我也认为,只要遵从命令,尽心尽职,便可报答先王了,因此欣然接受了先王的重托并已完成了。我和先王的交情已是有始有终了,还是不回燕国为好。

燕惠王见请不回乐毅,非常后悔自己当初的草率行为,就把乐毅的儿子乐闲封为昌国君。后来,乐毅死在了赵国。

六、思百姓之苦的晏子

齐侯得了疥疮,还有疟疾,持续了一年,没有痊愈。诸侯派来问候的客人大多在齐国。梁丘据和育款对齐侯说:"我们侍奉鬼神的祭品很丰厚,比先君已经有所增加了。现在君王病得很厉害,成为诸侯的忧虑,这

是祝、史的罪过。诸侯不了解，恐怕要认为我们不敬鬼神，君王何不诛戮祝固史嚣以辞谢客人？"齐侯很高兴，告诉晏子。

晏子说："从前在宋国的盟会，屈建向赵武询问范会的德行。赵武说：'他老人家家族中的事务井井有条；在晋国说话，竭尽自己的心力而没有个人打算。他的祝、史祭祀，向鬼神陈说实际情况不内愧，他的家族中没有可猜疑的事情，所以他的祝、史也不向鬼神祈求。'屈建把这些话告诉康王。康王说：'神和人都没有怨恨，他老人家辅助五位国君而作为诸侯的主人就是很相宜的了'。"齐侯说；"据和款认为寡人能够侍奉鬼神，所以要诛戮祝、史，您举出这些话，是什么缘故？"晏子回答说："如果有德行的君主，国家和宫里的事情都没有荒废，上下没有怨恨，举动没有违背礼仪的事，他的祝、史向鬼神陈说实际情况，就没有惭愧之心了。所以鬼神享用祭品，国家享受到鬼神所降的福禄，祝、史也有一份。他们所以繁衍有福、健康长寿，由于是诚实的国君的使者，他们的话对鬼神忠诚信实。他们如果恰好碰上放纵的国君，里外偏颇邪恶，上下怨恨嫉妒，举动邪僻背理，放纵欲望满足私心，高台深池，奏乐歌舞，

第三章　内捷

砍伐民力，掠夺百姓的积蓄，以这些行为铸成过错，而不体恤后代。暴虐放纵，随意行动，没有法度，无所顾忌，不考虑怨谤，不害怕鬼神。神发怒而百姓怨恨，在心里还不肯改悔。他的祝、史陈说实际情况，这是报告国君的罪过。他们掩盖过错，列举好事，这是虚诈欺骗。真假都不能陈述，只好陈述不相干的空话来向鬼神讨好，所以鬼神不享用他们国家的祭品，还让它发生祸难，祝、史也有一份。他们所以夭折患病，由于是暴虐的国君的使者，他们的话对鬼神欺诈轻侮。"齐侯说："那么怎么办？"晏子回答说："没法办了：山林中的树木，衡鹿看守它；洼地里的芦苇，舟鲛看守它；草野中的柴禾，虞侯看守它；大海中的盐蛤，祈望看守它。偏僻地方的乡巴佬，进来管理政事；邻近国都的关卡，横征暴敛；世袭的大夫，强买货物；发布政令没有准则，征收赋税没有节制；宫室每天轮换着住，荒淫作乐不肯离开。里边的宠妾在市场上肆意掠夺，外边的宠臣在边境上假传圣旨。

奉养自己、追求玩好这些私欲，下边不能满足就立即治罪。百姓痛苦困乏，丈夫妻子都在诅咒。祝祷有好处，诅咒也有损害。聊地、摄地以东，姑地、尤地以

西，人口多得很呢。虽然他们善于祝祷，难道能胜过亿兆人的诅咒？君王如果要诛戮祝、史，只有修养德行然后才可以。"齐侯很高兴，让官吏放宽政令，毁掉关卡，废除禁令，减轻赋税，免除对公家的积欠。

七、追女失妻

春秋末年，原来晋国的大臣、赵国的奠基人赵简子，准备出兵讨伐齐国。传令说；若军中再有敢于劝阻的人就治以死罪。

有一个身披铠甲，手执兵器的武士叫公卢望。他也反对出兵攻打齐国。一次，他见到了赵简子，突然放声大笑。

赵简子就问他说："你笑什么？"公卢望回答说；'"我忽然想起以往的一个笑话，忍不住要笑"'

赵简子十分生气，厉声说道："在我面前大笑，太放肆了！今天你给我讲出大笑的道理来还罢了，若讲不出来，我就要你立即丧命。"

卢公望并不惊慌，一板一眼地讲起来："有一年，正当采桑的时节，我邻居家夫妻二人一起到桑田去干活。丈夫干着干着，看见前面的桑田里有一个采桑的女子，长得十分美丽动人，就生出邪念，跑过去追她，结果没有得手，扫兴而归。他的妻子看见他的行为，十分气愤，在他追采桑女子时，离他而去。一想起这件事，我总忍不住要大笑，他追女不得，反失妻子，成了光棍，您说难道不好笑吗？"

赵简子听了这段故事如梦方醒，对公卢望说："我明白了，如今我讨伐别国，也可能是成事不足，反而失掉自己的国家，这个'光棍'就可能是我了啊！"

八、不听劝的商鞅

战国初期，有个人叫商鞅，原名公孙鞅。公孙鞅年轻时候爱好法律学，曾经给魏国宰相公叔痤（Cuo）当过管家，公叔痤发现他勤奋好学，历史知识很丰富，法律学更是出色，就把公孙鞅叫到身边，问："你看怎么才能治理好国家？"

"按照实际情况制定法律，严格按法律办事。"公叔鞅毫不犹豫地回答说，"有法律不能很好地执行，往往是上面执法不严造成的。上面的人无视法规，就不能责

 鬼谷子

求下面的人普遍执行法律,有法不执行,那就和没法一样,国家也就治理不好。"

公叔痤认为他是个奇才,应该把他推荐给国王。可是,还没得及推荐,公叔痤就病倒了。

有一天,魏惠王登门来看望公叔痤,对他说:"您的病不轻,一旦有什么不测,我们国家怎么办呢?"

公叔痤想,推荐公孙鞅的时机到了,就说:"我的管家公孙鞅,虽然年纪轻轻,但才能出众,希望大王今后能重用他,可以把国家交给他治理。"魏王不置可否,似笑非笑地点点头,表示听到了。

魏王要离开时,公叔痤要周围的人退下,压低嗓子对魏王说:"国王如果不采纳我的建议,不任用公孙鞅,那一定要及早把他杀掉,不要让他离开魏国。他聪明过人,如果到了别的国家,对咱们魏国很不利。""好的。"魏惠玉随口答应了一声。

魏王走后,公叔痤把商鞅叫到病榻前,抱歉地说:"刚才国王来过了,他问今后谁可以当国相,我推荐了你,让你管理国家大事。但是国王沉默不语,从他的表情看,是不同意。我作为国相,先要为国王考虑,因此我对国王说,假设不任用你z就赶快把你杀掉。国王答

第三章　内捷

应了。你是我的管家,年轻而有才华,这后一步,我要为你考虑,你不能就这样陨落,立即离开魏国吧,否则异常危险!"

商鞅却毫不在意,平静地说:"我不走。"

"不走?"公叔痤十分惊讶。

商鞅说:"你向国王亲自推荐了我,国王不肯任用我,说明他不听你的话,不相信你。既然不相信你,不听从你的话,你说要杀掉我,国王当然也就不会采纳了。"

公叔痤觉得商鞅的分析和判断是有道理的,但总为他担心。

而事情的发展完全象商鞅说的那样,魏王根本没把公叔痤的话放在心上。魏王走出公叔痤的大门,就对左右的官员说:"公叔痤的病越来越重,令人悲伤,他竟要我让他的管家公孙鞅出任宰相,掌管国家大事,岂不是太糊涂,太荒谬了!一个小小管家能成什么气候!"

后来,商鞅看到魏王不重用人才,才愤然离开魏国,前往秦国。在秦孝公的支持下,严格法制,实行改革,也就是历史上有名的"商鞅变法"。使秦国逐渐强大起来。

 鬼谷子

九、罚不当罪

"罚不当罪"这个典故比喻处罚和所犯的罪行不相称。

此典出自《荀子·正论》:"夫德不称位,能不称官,赏不当功,罚不当罪。不祥莫大焉。"

《正论》,是战国末期的思想家荀况批驳当时社会上流行的种种论调,为巩固地主阶级专政制造舆论的政治论文。

在文章中,荀况批判了孟轲的"仁政"思想,反驳了"教化万能"和"治古无肉刑"的谬论,认为"治则刑重,乱则刑轻"。荀况指出:世俗(指社会上一般习俗)者说,古代太平的时代,废除了肉刑,只用象征性的刑罚。难道太平的时代就应该是这样的吗?不,如果人们本来就没有犯罪,不但不用肉刑,并且象征性的刑罚也可以不用。如果人们犯了罪,却用很轻的刑来处罚,就会使杀人的不偿命,伤人的不受刑。用刑罚处治犯人的目的,就在于禁止暴行,反对作恶,同时警戒以后发生类似的罪行。杀人的人不被处死,伤人的人不被

第三章　内捷

判刑，这叫纵容暴行。如果宽容犯罪的人，就无法反对罪恶了。因此象征性的用刑，并不产生于古代安定的时代，而是产生于当今混乱的时代。如果赏罚的事情有一件处理得不恰当，就会引起混乱。

一〇、秦庭之哭

"秦庭之哭"指到别国哀求援兵。

此典出自《左传·定公四年》："申包胥如秦乞师。……秦伯使辞焉，曰：'寡人闻命矣。子姑就馆，将图而告。'对曰：'寡君越在草莽，未获所伏，下臣何敢即安？'立依于庭墙而哭，日夜不绝声，勺饮不入口。七日，……秦师乃出。"

春秋时，楚平王无道，父纳子媳，宠信奸臣费无忌，毁法乱纪，并杀太师伍奢及其大儿子伍尚。次子伍员，出奔吴国。伍员，字子胥，偷渡昭关，来至吴市，无以为生，吹箫乞食。

在伍员逃亡吴国的途中，曾遇到楚故人申包胥。申包胥问其何往？伍员将平王杀害父兄之事，如实告之。包胥说；"平王虽无道，君也。足下世受国恩，君臣之

分已定,奈何以臣而仇君?"伍员说:"父母之仇,不共戴天,桀纣诛大臣,唯无道也。楚王纳子媳,弃嫡嗣,信谗妄,戮忠良,我必须到吴请兵,扫荡楚国污秽,以报亲仇。"

包胥说:"我要教你借兵报楚,则为不忠,若教你不报,又陷你于不孝。你好自为之吧。你对我说的话,我绝不告诉别人。不过,我应该告诉你的,只有两句话,那就是——你能覆楚我必能存楚,你能危楚我必能安楚。"

伍员到了吴国,见知于公子姬光(后来专诸刺杀了吴王僚,姬光继位,也就是吴王阖闾)。姬光推荐于吴王僚,拜为大夫。

吴国因楚太子建之母,遭受攻击,求救吴国,吴王僚遣姬光迎建母于郧城。楚平王大怒,出师伐吴,吴亦兴师拒抗。适楚军统帅阳疵暴敝,诸侯从属军,各自慌张,吴军在姬光的策划下,大破楚军。吴军乃取建母楚夫人而归。楚平王见吴军势大,忧虑成疾,久治不愈而死。太子珍即位,为楚昭王。

伍员在吴,听说平王已死,痛哭流涕,姬光怪而问之。伍员说:"我非哭楚王,恨我不能在其生前,枭其

第三章 内捷

首，以雪我恨，故痛哭也。"

姬光继位吴王后，楚侵蔡，蔡侯求救于吴。伍员说吴王兴兵，拜孙武为大将，伍员、伯嚭副之。出兵六万，援蔡伐楚。

孙武是历史上有名的军事家，用兵如神。伍员又报仇心急，再加上楚师统帅囊瓦，是个贪贱之辈，故不旋踵楚军即败，楚昭王逃出郢都。伍员未能活捉昭王，而平王又死去多年，恨无可雪，遂掘平王墓，鞭尸三百，稍解其恨。

申包胥逃避夷陵，闻伍员掘墓鞭尸，认为做得太过。他致书伍员，必践复楚之约。他想到楚昭王之母，是秦哀公的女儿，秦楚有舅甥之谊。包胥乃求救于秦，星夜西驰，足踵俱裂，到雍州，见秦哀公说："寡君失社稷，逃草莽，乞念甥舅之情，兴兵解围。"哀公说："我自保不暇，安能济人？"包胥说："秦楚边界，楚灭将及于秦，存楚即固秦，楚亡，秦亦不保也。"

秦哀公意未决。包胥不居驿馆，不解衣冠，立于秦庭之中，昼夜号哭，不绝其声，是七日，哀公惊讶曰："楚有此贤臣，尚至于此。寡人无此贤臣，吴更不能容我矣。"遂起兵救楚。

鬼谷子

一一、飞扬跋扈

"飞扬跋扈"比喻意气举动越出常规,不受约束。现多指蛮横放肆,目中无人。

此典出自《北史·齐高祖纪》:"景(侯景)专制河南(指今甘肃省西南部黄河以南地区)十四年矣,常有飞扬跋扈志。"

我国的南北朝时期,是门阀士族统治的时代。世家大族特别是皇亲国戚依仗祖先的政治地位和宗族姻亲的党援,享有政治特权,高踞于广大劳动人民之上。对此,一些地方割据势力虽然不敢直接谴责封建皇帝,但对其儿孙们却常常流露出不满情绪。

北魏末年,北魏分成了两个政权,史称东魏、西魏。东魏的军政大权掌握在一个叫高欢的手里。当时,有一个叫侯景的人,是长时间住在河南的一个地方首领。他看不起那些依附皇帝老子的权势作威作福的世子,曾对人说:"如果皇帝在,我的行动不敢有异;如果皇帝不在,我不能与那些不懂世事的皇家小子一起做事。"有一次,高欢的儿子代高欢起草了一份诏书,召

侯景进见,侯景不愿意来。后来侯景又听说高欢染病,便集聚了一些军队打算在河南屯兵自固。高欢的儿子对此闷闷不乐。高欢问儿子:"我虽然身体不好,但看你好像有更大的忧愁,这是什么原因啊?"儿子没有说话。高欢又问:"难道你是害怕侯景背叛?"儿子点点头说:"是。"高欢说:"侯景专制河南已经十四年了,他常常怀有飞扬跋扈之志,我还可以制服他,他岂能听你的指挥。现在天下未定,你不要为此忧愁。有一些文臣武将还是听指挥的,他们当中有的可以对付侯景,你要对这些人以礼相待,重用他们。"

公元547年,候景因为害怕被高澄所杀,降梁,受封为河南王。第二年,与梁宗室萧德正勾结,举兵叛乱。

一二、钩心斗角

"钩心斗角",亦作"勾心斗角",它的本来意思是指宫室建筑的内外结构精巧严整,后来人们用它比喻各用心机,明争暗斗。

此典出自《阿房宫赋》:"六王毕,四海一。"蜀山

鬼谷子

兀，阿房出。覆压三百余里，隔离天日。骊山北构而西折，直走咸阳。二川溶溶，流入宫墙。五步一楼，十步一阁；廊腰缦回，檐牙高啄，各抱地势，钩心斗角。盘盘焉，囷囷焉，蜂房水涡，矗不知其几千万落。

唐代文学家杜牧，26岁中进士，官至中书舍人。他生活在晚唐多事之秋，朝廷内外矛盾重重，国家日益衰败。可是，唐代晚期的帝王仍然不思进取，骄奢淫逸，大修宫室。杜牧因此作《阿房宫赋》，假借秦朝的事例以讽刺当代社会。

杜牧写道："秦朝灭亡六国，统一天下以后，就砍伐蜀中山林，修成了阿房宫。它覆盖了三百多里的地面，遮蔽了天空和太阳。从骊山开始向北修筑，再往西折，直达咸阳。渭川、樊川的水缓缓而流，一直流入宫墙。五步一楼，十步一阁。游廊如绸带环绕，飞檐像鸟嘴隆起。楼阁各依地势，参差环抱，房心钩连，檐牙如飞龙斗角。盘盘绕绕，曲折回旋，像蜂房那样密集，如水涡那样相连，巍然耸立着，不知有几千座。"接着杜牧笔锋一转，写道，秦始皇的骄奢淫逸，使天下人敢怒而不敢言。后来，陈胜、吴广起义，刘邦一举攻占函谷关，楚霸王项羽的一把大火把阿房宫烧成了一片焦土！

一三、含沙射影

"含沙射影"比喻在暗中攻击或陷害别人,也指影射某人某事。

此典出自唐代白居易《长庆集·读古诗》:"含沙射人影,虽病人不知,巧言构人罪,至死人不疑。"

江淮间盛产一种非常特别的甲虫,名叫蜮,又有人把它们称作蝈。这种虫常常伤害人,形状很是奇怪,背上有硬壳,头上有角,有翅膀,可以飞到上空,在人的头上施行袭击;它们虽没有眼睛,但耳朵听觉特别灵敏,口中有一横物,形状像弩,可以听到人声便知道人的所在方向和距离,然后用口中所含着的沙当做矢用,向人的影子射击。被蜮射着的人会染到一种毒质而生疮;即使人的身体能够躲避,如果影子被蜮射中,也会生病。

一四、齐宣王的王道

战国时,有一次齐宣王请求孟子讲述有关齐桓公、晋文公称霸的事,孟子回答说:"孔子的学生只学仁、

鬼谷子

义、道、德，从来没听说过以武力称霸的事，所以我不会讲。不过，如果大王愿意听有关'王道'的事，我会尽力讲好的。"齐宣王说："您讲一统天下的事吧！"孟子回答道："大王只要有同情心，就可以统一天下。"齐宣王笑了，说："哪有这么简单的事，何况，同情心与统一天下又没有关系。"孟子接着说："我听人说，有一天，大王坐在堂上，有人牵着牛从堂下经过，大王看见了，就问去哪里。那人说，准备杀牛用它的血祭钟。你就叫那人把牛给放了，并说：'牛又没有罪，为什么要杀它呢？我不愿看到它被杀时那可怜的样子。'那人说：'那祭钟怎么办呢？'大王就叫他用一只羊代替。由此可见，大王是有同情心的，正因为有同情心，才会爱护老百姓，爱护老百姓国家就会强大。"

齐宣王听了，摸着头说："现在想来，真有些不能理解，齐国虽小，也不至于连一头牛都没有，难怪老百姓说我吝啬。"

孟子说："这没有什么奇怪的，只是老百姓不理解大王的情意。表面看，牛和羊都是死，大与小又有什么区别，但实质上却不同了。"齐宣王说："我这种心情与王道有什么关系呢？"孟子回答道："如果有人向大王报

告：我的力量能举三千斤，却拿不动一根羽毛；我的眼睛能看清鸟兽的细毛，却看不清眼前的一车子柴火。大王相信吗（"明足以察秋毫之末，而不见舆薪，则王许之乎"）？肯定不信。大王只要有同情心，就应该把同情心扩大到全国，这是大王能做到的。"

齐宣王最后说："您说了这么多，但我还是不喜欢王道。"

一五、秦穆公接待由余

戎王派由余出使秦国。由余的祖先是晋国人，逃亡到戎地，但还会说晋国话。戎王听说穆公贤能，所以派由余来观察秦国的政绩成就。

秦穆公向他炫示华美的宫殿和积蓄的财物。由余说：这些东西如果是让鬼神造出来的，便是劳累了鬼神；如果是让人造出来的，也就苦了民众啊！"穆公对他的回答感到惊异，问道："中原各国用礼乐诗书法律制度来治理国家，还是时常有祸乱，现在戎族没有这些东西，靠什么来治理国家呢？不是很困难吗？"由余笑着说："这正是中原各国发生祸乱的原因。自从上古圣

人黄帝创立礼乐法度，亲自带头执行，也仅仅使天下达到小治。到了后世，国君一天天骄奢淫逸。他们凭仗法度的权威来责罚督察下面的臣民，下面的人疲困极了便怨恨责怪上面不实行仁义。上下互相怨恨，彼此屠杀，甚至达到灭掉全族的地步，都是由于这类原因啊。戎族却不这样。上面保持着淳朴的德行来对待下面，下面怀着忠诚来事奉上君，一国的政事就好象一个人的事情那样治理得很好，却说不出治理得好的原因。这才真是圣人治理国家的方法。"一当下穆公返回宫中，问内史廖说："我听说，邻国有圣人，是与它敌对国家的忧患。现在由余贤能，是我的忧患，准备怎么对付他呢？"内史廖说："戎王处在偏僻的角落，没有听过中原各国的音乐。您试着送给他一批歌舞伎女，使他丧失志气；替由余请功，使他们君臣关系疏远；留下由余不送回，使他错过回去的日期。戎王感到奇怪，一定会怀疑由余。他们君臣间有了距离，就可以得手了。而且戎王爱好音乐，一定会放松政事。"穆公说："好。"因而跟由余席子挨着席子亲密地坐在一起，菜肴装在同一个器皿中彼此传递着进餐，把戎族的地形与兵力情况询问得清楚，然后叫内史廖把歌舞伎女十六人送给戎王。戎王接受

第三章 内捷

了,非常喜爱,整年迷恋,乐而忘返。这时秦国才送回由余。由余屡次进谏,戎王都不听从;穆公又多次派人邀请由余。由余便离开戎王,投奔秦国。

穆公用接待宾客的礼节接待他,向他请教攻打戎族的形势。

一六、指鹿为马的赵高

赵高是中国历史上第一个大一统的封建王朝——秦朝时期的著名宦官。赵高是赵国人,出身卑微。其父因犯重罪,不仅自己被处以宫刑,而且也连累其母罚没为官家奴婢,后来其母与人野合而生下赵高。

秦始皇统一全国后,大规模充实后宫,嫔妃多达万人。庞大的后宫需要众多的服务人员,阉割去势的宦官由此广泛使用于宫廷,宦官制度逐步完善。当时为了补充后宫服役者的队伍,一些战败国的宦官也与宫中美女一样作为"战利品"归入秦朝宫廷。赵高就是在秦灭亡赵国后,作为阉宦被掳入秦的。由于他身体强壮,又粗通法律,很快得到了秦始皇的信任,被任命为中车府令。

鬼谷子

秦始皇三十六年（公元前211年），东郡落下一块陨石，上书"始皇帝死而地分"几个大字。不久，秦始皇的使者从关东夜经华阴时，突然有人持玉璧拦住使者说："秦始皇今年将死！"然后放下玉璧倏然而去。连续发生的不测之事，使秦始皇深感不安，急忙命人占卜，卦辞说只有外出巡游方可化凶为吉。秦始皇听信了术士之言，于秦始皇三十七年（公元前210年）出京巡游，次子胡亥及丞相李斯陪同左右，赵高以负责皇帝乘舆的中车府令身份随驾出行。当车驾行至平原津（今山东平原县南）时，秦始皇突患重病。他自感时日无多，急令赵高给长子扶苏发诏书，让其把所属部队交由大将蒙恬掌管，然后迅速赶往咸阳办理后事并继承皇位。诏书尚未送出，时年五十岁的秦始皇即病亡于沙丘平台（今河北广宗县西北）。丞相李斯认为贸然宣布秦始皇的死讯恐怕会引发全国的混乱，决定秘不发丧，而命令车骑加快向咸阳进发。

"秘不发丧"为赵高实施偷梁换柱的冒险计划创造了难得的机会。他深知为人正直的长子扶苏一向对自己不屑一顾，手握兵权的大将蒙恬又与扶苏关系亲密，蒙恬的弟弟蒙毅更在言谈举止间时常流落出对自己的厌

第三章 内揵

恶。相反,胡亥却跟随自己学过书法与法律,一旦胡亥能够继位,自己必将得到重用。赵高思来想去,决定冒险扣留秦始皇遗诏,进而谋划胡亥继位,以保住自己的政治地位。为了达到目的,赵高首先鼓动如簧之舌争取到大权在握的丞相李斯的支持,然后与李斯、胡亥一道,诈称始皇遗诏,立胡亥为太子,并恶毒地伪造了令扶苏与蒙恬自杀的遗诏。为人忠厚的扶苏与三代功臣蒙恬接到诏书后被迫自杀,稀里糊涂地成了赵高"沙丘之谋"的牺牲品。

偷梁换柱得逞后,赵高以胜利者的姿态回到了咸阳,随后向天下宣布了秦始皇驾崩的消息,胡亥宣布即皇帝位,称秦二世。赵高作为拥戴秦二世上台的头号功臣,理所当然受到了胡亥的宠信,被任命为中书令,身居列卿之位,成为朝中的实权人物。为了堵住众大臣与诸皇室公子对矫造诏书的怀疑与不满,赵高与胡亥对众人展开了残酷无情的诛杀。继扶苏、蒙恬之后,蒙毅、右丞相冯去疾、将军冯劫等大批功臣都纷纷以莫须有的罪名被处死,而且还有难以数计的人被株连。与此同时,赵高与秦二世对皇室诸公子、公主也不放过,十二位公子"戮死咸阳市","十公主死于杜",公子将闾在

鬼谷子

被逼自杀前仰天大呼"我无罪",然后与其兄弟三人流着眼泪拔剑自杀。自此以后,大臣凡是进谏者均以诽谤罪论处,更有甚者,百姓面色不好也要治罪。整个国家,人人自危,天下处于一片恐怖之中。

每杀死一名大臣,赵高便安插自己的亲信补缺,很快许多要职都为赵高的亲信所把持。在赵高的愚弄下,本来安于享乐的秦二世更加纵情酒色、怠于政事,进而为赵高胡作非为、欺上瞒下创造了有利条件。此时朝廷统治腐败,百姓的赋敛、徭役相当沉重,加上阿房宫之类庞大工程的修建更使民穷财尽,陈胜、吴广起义随之暴发。可秦二世在赵高的蒙蔽下对岌岌可危的局势一无所知,继续过着花天酒地的腐朽生活。

秦二世荒淫愚昧,而手握重权的丞相李斯还是清醒的。李斯在秦始皇统一六国及其后建立封建中央集权的过程中,立下了不少功劳,因而备受秦始皇的重用。李斯又是"沙丘之谋"的参与者,秦二世对他颇为宠信。陈胜、吴广起义爆发后,李斯基于对秦朝统治的忠心,曾多次上书进谏但毫无成效。赵高一方面担心秦二世了解朝局后会追究自己的责任;另一方面也将李斯视为其专擅朝政的唯一障碍,因而便把矛头对准了他。对秦二

第三章　内捷

世的性格了如指掌的赵高设计了一个陷害李斯的绝妙圈套。他先对李斯说，如今盗贼猖狂，我很想劝谏皇上，但因为皇上深居皇宫，我没有劝谏的机会。李斯也表示自己很想找机会劝谏皇帝。赵高表示他负责给李斯制造劝谏的时机。于是，赵高特意找一些秦二世玩兴正高、最烦人打扰的时机让李斯进谏，如此再三，二世开始与李斯产生了嫌隙。赵高见时机一到，就诬蔑李斯因未能分土称王而心存不满，诬蔑李斯的儿子与陈胜等起义军有关连。秦二世偏听偏信，赵高又操纵了对李斯的刑讯过程，最终如愿以偿地把李斯父子腰斩于刑场，李斯三族以内的人也因受株连而被尽杀。

赵高杀死李斯后，官拜中丞相，事无大小都由赵高裁决。起义军距咸阳已不足百里时，秦二世才认识到形势的严峻。他任少府章邯为统帅，率在骊山服徭役的二十万刑徒强行编入军队，用以镇压起义军。这些缺乏训练，又深怀不满的刑徒们一击即溃，章邯率军投降，秦王朝的武装基本瓦解。

面对秦王朝即将垮台的危险局面，当权者赵高不仅不思挽救之策，反而想乘势取秦二世而代之，进而体验一下帝王之尊的荣耀。为了检验群臣对他篡位的态度，

他导演了一出历史上有名的"指鹿为马"的丑剧。

有一天朝会,赵高牵来一只鹿献给二世,并说这是马。二世以为赵高开玩笑,询问左右大臣。大臣们慑于赵高的淫威,有的说是马,有的沉默,也个别的说是鹿。事后,赵高把说鹿的大臣都杀死了。从此,赵高指鹿为马、颠倒黑白的伎俩层出不穷。

农民起义已严重危及到秦朝的统治,怠于政事的秦二世对此有所察觉,对长期专权的赵高产生了不满。坏事做尽的赵高害怕二世追究他的过失,决定先下手为强,利用自己掌握的宫内外大权派亲信强迫秦二世自杀,然后操纵政局,欲立秦二世之子公子婴为秦王。

秦王婴认识到赵高的险恶用意,经过周密的策划,在赵高督促其到宗庙受玺的时候,令早已埋伏好的手下人挥剑杀死了赵高,结束了赵高罪恶滔天的一生。随后子婴素车白马,手捧玉玺向刘邦投降,至此秦朝灭亡。

一七、刘邦与民约法三章

秦二世荒淫残暴,宠信赵高,陷害忠良,以致民不聊生,天下大乱。陈胜、吴广揭竿而起,不久后,江东

第三章 内捷

项羽、丰沛刘邦也举起义师，拥立楚王孙心为怀王，建都盱眙。这时楚军上将军为宋义，项羽为次将，范增为末将，刘邦则自领丰沛起兵的军队，隶属于楚怀王。不久，刘邦封为沛公。

楚军立志要灭秦，必先占据关中之地（函谷关以西，今陕西等地）。楚怀王这日登殿，问殿前诸将，谁愿进取关中？项羽、刘邦，都表示愿意前往。楚怀王说："谁先进入关中，谁即为关中王。"项羽、刘邦整军出发，项羽从北路进发，刘邦从西路进军。

刘邦兵进关中，接连打了几个胜仗，被秦朝的暴政所残害的秦地人民在，楚军进关时，箪食壶浆，夹道相迎。秦军望风而逃，刘邦直扑咸阳城下，秦二世、赵高等人，惊骇不已。

赵高杀了秦二世，立秦王婴，想与楚军和好。但秦王婴又杀了赵高，素车白马，出城向刘邦投降。

刘邦进入咸阳，就留恋皇宫的舒适，不愿出皇宫。这位泗上亭长出身的刘沛公，布衣时代，贪酒好色，进入宫廷后，就只顾享受荣华富贵，全然忘记了自己的使命。樊哙进宫劝他离去，他不听。张良又进宫劝说："秦皇无道，天下大乱，你才能兵进咸阳，为的是替天

 鬼谷子

下扫除残贼。你刚到了咸阳，就安于宫室犬马，醇酒妇人之乐，这岂不是助纣为虐？"刘邦大悟，遂出宫回至霸上，召集关中豪杰开会，约法三章：一、杀人者死。二、伤人及盗抵罪。三、馀悉除去秦法。诸吏人皆安堵如故。

刘邦对大家说："我这次出关，是为父老乡亲们除害，不是来攻打父老乡亲们的，请你们放心。我不住在咸阳宫中，回到霸上行辕，为的是等待山东六国诸侯会师咸阳，再定约束。"

秦国父老乡亲们大喜，回家之后，牵着牛羊，抬着酒食，去慰劳刘邦的军士。刘邦不接受，婉转地对父老们说："我们军中有的是军粮，不能接受你们的酒食，但我们非常感谢你们的盛情，如果我们吃了你们的东西，花费了你们的钱食，就违背我们进关拯救你们的初衷了，东西请你们带回，心意我们领了。"

这和秦军搜括民脂民膏唯恐不尽的行为，完全相反。关中百姓奔走相告："如果刘沛公不回关东，在我们关中做秦王，我们就有好日子过了。"

刘邦入关，与民约法三章，立刻就收买了关中的人心。

第三章 内揵

一八、汉景帝杀晁错

晁错，颍川人，为人刚直而又严峻苛刻，他博才多学，善于分析，在汉文帝时期，他就官拜为太子家令，精心辅佐太子，并得到了太子的宠信。被称为太子的智囊。在这个时期，晁错曾经多次上书文帝，就战争、充实边塞、农耕、爵位的封免等问题，提出了自己独到的见解，文帝对此也多有褒奖，以表示对晁错的宠信，并且采纳其不少的意见，以治理国家。汉文帝前15年（公元前165年），文帝为选拔良才，亲自策问考试，晁错以优异的答卷被文帝提升为中大夫。随后，晁错又上书文帝，谈论应该削减诸侯王的实力问题，以及如何来改变这一现实的法令，上书共有三十篇。文帝虽然没有完全采用他的意见，但却非常赏识和器重晁错的才能。文帝去世后，景帝即位，晁错以其自己对问题的精辟见解仍多次地与景帝在一起进行单独的国政论谈，而且景帝仍能经常地采纳他的意见，并且依据晁错的建议，修改了许多的法令，其受宠程度远远超过了所有九卿。景帝即位的第二年，便提升晁错为御史大夫。

鬼谷子

当初,汉高祖刘邦刚刚平定天下,兄弟少,儿子们年幼,大量的领地都分封给同姓诸侯王,仅封给齐国就七十多座城,封给楚国四十多座城,封给吴国五十多座城,这三个领地占去了全国二分之一的面积,而得封的这三个领地的并非嫡亲的诸侯王。随着各诸侯王领地的不断发展和强大,一部分非嫡亲的诸侯王对朝廷越来越骄横,又加上文帝在世总是以宽厚待人,不忍心对他们加以惩罚,所以,到了景帝称帝,这部分诸侯王们则更加骄横了。故此,晁错劝景帝说:"如今,削减他的封地,他会叛乱,不削减他的封地,他也会叛乱,如果削减他的封地,他反得快,祸害会小一些;如果不削减他的封地他反得慢,将来有备而发,祸害更大。"景帝让朝廷百官及宗室共同讨论晁错的建议,没有人敢与晁错辩驳。朝廷便根据晁错的建议对吴王等诸侯王的封地朝廷逐步的削减。晁错的父亲得知这个消息,从颍川赶来京师,对晁错说:"皇帝刚刚即位,你辅佐君主执掌朝政,削弱诸侯王的封地,疏远皇室的骨肉之亲,人们的议论都怨恨你,你为什么这样做呢?"晁错说:"只能这样做。如果不这样做,天子无法尊贵,国家不得安宁。"他的父亲说:"这样做,刘氏的天下安宁了便晁氏却危

第三章　内捷

险了,我离开你去了!"他父亲就服毒自杀,临死前说:"我不忍心见到大祸临头!"果然,此后过了十多天,吴、楚等七国就以诛除晁错为名举兵叛乱。

先前,晁错一直与吴国的丞相袁盎互不相容,只要有晁错在某处就坐,袁盎总是避开;袁盎出现在何处,晁错也总是避开;两人未曾在同一个室内说过话。等到晁错升任御史大夫,派官员审查袁盎接受吴王财物贿赂的事,确定袁盎有罪,景帝下诏不再追究袁盎的责任,而把他降为平民。吴、楚为首叛乱之后,晁错对御史丞、侍御史说:"袁盎接受了吴王的许多钱,专门为吴王掩饰,说他不会叛乱;现在,吴王果然反叛了,我想奏请景帝严惩袁盎。他肯定知道吴王叛乱的有关密度。"御史丞、侍御史说:"如果在吴国叛乱前来审查袁盎,可能会有助于中止叛乱密度,现在叛军大举向西进攻,审查袁盎能有什么作用!况且,袁盎不会参预密度。"晁错犹豫不决。有人把晁错的打算告知了袁盎,袁盎很害怕,连夜求见朝廷中与晁错有矛盾的官拜为太子詹事之职的窦婴,对他说明吴王叛乱的原因,希望能面见景帝,当面说明原委。窦婴入宫奏报景帝,景帝就召见袁盎。袁盎前来朝见景帝,恰遇景帝正和晁错研究出兵征

鬼谷子

讨叛军所需军粮的问题。景帝问袁盎:"现在吴、楚叛乱,你觉得局势会怎样?"袁盎回答说:"吴、楚叛乱,不值得担忧!"景帝说:"吴王利用矿山就地铸钱,熬海水为盐,招诱天下豪杰;他一直准备到年老白发才举兵叛乱,如果他的图谋没有计划出万全的把握,能贸然行事吗!为什么说他不能有所作为呢?"袁盎回答说:"吴王确实有采铜铸币、熬海水为盐的财利,但哪有什么豪杰被他招诱去了呢!假若吴王真的招到了豪杰,豪杰也自然会辅佐他按仁义行事,也就不会叛乱了。吴王所招诱的,都是些无赖子弟、没有户籍的流民及私铸钱币的坏人,所以才能相互勾结而叛乱。"晁错听之,也马上赞成地说:"袁盎分析得很好。"景帝问:"应采取什么妙计?"袁盎回答说:"请陛下让左右侍从回避。"景帝让人退出,唯独还有晁错一人在场。袁盎说:"我要说的话,任何臣子都不应听到。"景帝就让晁错回避。晁错很顺从地迈着小而快的步子,退避到东边的厢房中,对袁盎极为恼恨。景帝一再向袁盎问计,袁盎回答说:"吴王和楚王互相通信,说高帝分封子弟为王,各有封地,现在,贼臣晁错擅自贬责诸侯,削夺他们的封地,因此他们才造反,其目的就是共同诛杀晁错,恢复原有

第三章 内揵

的封地,达到此目的也就罢了。现在的对策,只有先斩晁错的首级,派出使者宣布赦免吴、楚七国举兵之罪,恢复他们原有的封地,那么,七国的军队可以不经过战争就会撤走。"景帝听后,沉默了很长时间,说:"不这样做还有什么别的办法?我不会为了庇护他一个人而不向天下人道歉。"袁盎说:"我想出的只有这个计策最佳,请陛下认真考虑!"景帝就任命袁盎为太常,秘密收拾行装,做出使吴国的准备。过了十多天,景帝私下授意丞相陶青等人上疏弹劾晁错:"辜负皇上的恩德和信任,要使皇上与群臣、百姓疏远,又相想把城邑送给吴国,毫无臣子的礼节,犯下了大逆不道之罪。晁错应判处腰斩,他的父母、妻子、兄弟不论老少全部公开处死。"景帝批复说:"同意所以判决。"可晁错对此却一无所知。第二天,景帝便派人召晁错,欺骗让他坐车巡察东市,于是,晁错穿上朝服到东市巡察,结果到了东市就被腰斩了。

谒者仆射邓公从前线回来,向景帝上书分析回报战争的情况,景帝问他:"你从军中而来,听到晁错被杀,吴国和楚国的兵撤了没有?"邓公说:"吴王准备叛乱已有几十年了,当初,文帝在位时,陛下您为太子,吴国

太子进京朝见文帝，得以陪伴您饮酒、博弈，但在博弈的过程中，吴太子与您争执棋路态度不恭顺，被您拿起棋盘猛击吴太子致死，朝廷送吴太子灵柩回吴国安葬，吴王不收，又将其灵柩送回长安安葬，从那时起，吴王就产生了谋反的念头。几十年过去了，朝廷又削夺了他的封地，吴王要杀晁错只不过是他举兵叛乱的借口，他的本意并不在晁错啊。再说，朝廷杀晁错，天下的士大夫还敢向朝廷进言吗！"景帝说："这是为什么？"邓公说："晁错忧虑诸侯王国势力过于强大了朝廷不能制服，所以请求削减王国的封地，从而尊崇朝廷，这本来是造福万世的好事。计划刚刚实行，他本人突然被杀。这样做，对内堵塞了忠臣的口，对外替诸侯王报了仇，我个人认为陛下不应该如此。"于是，汉景帝深深地感叹说："您说得对，我也很后悔杀了晁错！"

三个月后，吴、楚七国的叛乱被平定，七国的诸侯王皆自杀或被处死。这七国的诸侯王分别是吴王、楚王、赵王、胶西王、胶东王、?川王、济南王。齐王开始也与吴、楚有串联，但后来迫于形势，又举兵抵御叛军。七国叛军平定后，齐王害怕，也服毒自杀。而袁盎却从此成为景帝所依赖的直接参预朝政的大臣。六年

第三章 内捷

后，因阻碍与景帝一母所生的梁孝王成为汉景帝的继承人，被梁孝王派人暗杀。

一九、远离帝王的贾谊

贾谊（公元前 200 年—公元前 168 年），是西汉著名的大儒，人称贾生、贾子、贾长沙。汉高帝七年（前 200 年），贾谊出生，这个时代正是西汉政权刚刚建立的年代，它既给贾谊带来了施展才华的机遇，也给他的人生带来了坎坷和痛苦。

贾谊的童年和少年时期，基本上生活在一个和平稳定的环境之中，他的生活也基本上是以读书习文为主。18 岁时，他便以能诵诗书擅写文章而闻名于郡中。当时的名士河南守吴廷尉欣赏他的才学俱优，将他列置门下。

公元前 180 年，汉文帝刘恒即位。听闻河南守吴公颇有学识，且政绩卓著，便征召吴公为廷尉。汉元帝元年（前 179 年），贾谊在老师吴廷尉的推荐下，被征召入朝，立为博士。一年之中，又被破格晋升为太中大夫。从此，22 岁的贾谊便踏上了仕途，成为西汉政治集

团中的一员。

汉文帝对贾谊很器重，在把他破格提升为太中大夫，又与诸大臣商议，想把他升擢为公卿，但遭到群臣的反对。此后，汉文帝开始有意疏远贾谊，并将他派去当长沙王的太傅。

在政治上受挫的贾谊辞别了京城，来到了地处偏远的长沙。他听说长沙地势低，湿度大，自认为此去长沙将享寿不长，而且又因为是被贬谪，心情非常不好，常常拿自己与屈原作比。在这种情况下，他便写下了千古流传的《吊屈原赋》。

汉文帝七年（前173年），文帝思念远在长沙的贾谊，于是将他召进皇宫。当文帝听完贾谊的一番宏论后，十分感慨地说："吾久不见贾生，自以为过之，今不及也"过不多久，汉文帝拜贾谊为梁怀王的太傅。在任梁怀王太傅期间，贾谊仍对政事十分关注，而且敢于发表自己的见解，写下了如《治安策》、《论积贮疏》等名篇。

汉文帝十一年（前169年），梁怀王刘揖入朝，不幸坠马而死。贾谊认为自己作为梁怀王的太傅而没有尽到自己的责任，因此非常伤心。一年以后，由于伤感过度，贾谊也于汉文帝十二年（前168年），死时年仅33岁。

贾谊一生虽然短暂，但是，就在这短暂的一生中，他却为中华文化宝库留下了一份珍贵的文化遗产。他是骚体赋的代表作家，代表作是《吊屈原赋》、《鵩鸟赋》。在西汉政论散文的园地中，贾谊的散文也堪称文采斐然。刘勰《文心雕龙．奏启》称其奏疏是"理既切至，辞亦通畅，可谓识大体矣。"其最为人称道的政论作品是《过秦论》、《治安策》和《论积贮疏》。

二○、遭到陷害的邹阳

邹阳是西汉景帝时的名士，有才略，在藩王梁王幕下供职，因为奸人所陷入狱论死。在命悬一线的时刻，邹阳给梁王上了一道自辩书，其文所引典故颇多，且用得得体而深刻，在充分表达自己的忠诚和高洁同时，唤起了梁王心中的侠义和慈悲心肠。使得邹阳终于得以免罪。邹阳的自辩起头是很吸引人的。邹阳说，过去听人说，"忠无不报，信不见疑"，以自己现在的处境，这句话真是句"虚言"啊！以一句自叹自怨的勾起了读者的兴头，正是大手笔的高明之处。接着，邹阳举出了荆轲

舍命却见疑难于燕太子,白起派卫先生回秦国求援,却被害于范雎的故事。卞和一番忠心向楚王献和氏璧,楚王却因不识传世宝贝而下令砍了他的双足!李斯是忠于二世皇帝的,但却因赵高谗言而见杀于胡亥。像比干、伍子胥都因为忠谏被诛杀,今天我邹阳实有类于是,请梁王您千万别让我这样的忠志之士也成了冤死之鬼啊!

苏秦曾获燕王的深信,有人在燕王面前说苏秦的坏话,燕王会按剑而怒;魏文侯的大将白圭受人诋毁时,魏文侯为表达对其的信赖,派人送去国宝夜光之璧。苏秦、白圭只所以立大功报答主公,完全是因为他们有幸得到了君主"剖心析肝"的相信啊。邹阳说:"士无贤不肖,入朝见嫉。"虽说"文人相轻"自古有之,而"木秀于林,风必摧之"则更是朝中能力超人之士常不能得到善终的原因!邹阳举出中山相国司马喜曾被受膑刑于宋国,秦国应侯范雎曾被人迫害至"拉胁折齿"的地步。圣人孔子曾被逐于鲁国,而墨子还曾被宋国用计囚禁。像这些贵为圣贤,能治国安邦的高人都不能幸免于小人的谄害,一般的正直之士的遭灾受害则是再平常不过的事了。邹阳在此及时婉转地向梁王道出自己冤屈,此后,他用出"秦用戎人由余而伯中国,齐用越人

第三章　内揵

子臧而强威宣"的典故，也适时地向梁王表达了自己希望得到重用，为梁国出力的心愿。

过去人们言及"晋文公亲其仇，强伯诸侯"，"齐桓公用其仇，而一匡天下"，让人们觉得这些君主的成功是因为他们确实做到了"去骄傲之心，怀可报之意"，做到了与臣下同甘共苦，对士人无所吝啬。然而，为君主的可曾想过，他们所重用的忠臣付出的代价常常却是极为惨重的。比如商鞅，为秦国的强大最后付出自己身死车裂的代价；又如大夫文种，帮助越王勾践消灭了吴国成就了中原霸业，可自己却被越王下令赐死。想传荆轲为了让秦人相信他来献图的诚意，强忍巨大的悲痛让燕人以苦肉计杀了他全家"七族"，勇士要离受命去行刺庆忌，为取得庆忌的信任，断然接受了公子光烧死了他的妻子儿女的事实。

邹阳认为，忠志之士在君王面前，凭得是真才实学，凭得是忠心奉献，而不同于那些小人佞臣只会阿谀奉承的，只会溜须拍马。秦朝用左右的亲近小人亡了国，周文王却用偶然相识的姜尚而统一天下，此理不可不察。最后，邹阳向梁王坦陈，衣冠整齐入朝办事的大臣，不会因为私情而污损了道义，磨炼修养注意名节的

鬼谷子

高士,不会因为眼前的私利败坏了自己的操行。梁王您不应该再亲近小人,听信谄谀之辈的话,以使像我这样愿为国家尽力尽忠的人士,平白无故地被关进监牢,几乎都到了要掉脑袋的地步了!梁王虽有野心,但却没有到失去理智的地步,于是他改正错误,放回了邹阳。

梁孝王刘武是景帝的亲弟弟,深得太后的喜爱,相传太后曾力主景帝在百年后把帝位传给弟弟而不传给自己的儿子。由此导致了梁孝王对帝位是志在必得,自信满满。七国之乱中,他力挺汉朝中央,不计血本地与七国反叛为敌,在参战的诸侯国中出力最多牺牲最大。虽然其中不能抹杀他忠君爱国,匡扶正统的功绩,但要说其全无觊觎之心也不尽然。在本文中的邹阳因为正直公正,不搞阴谋诡计,不像其他梁王手下羊胜、公孙诡那样明目张胆地帮助他谋夺帝位,这也正为羊胜等人谄害邹阳找到机会。本文最可贵处是身处绝境、性命攸关的邹阳,在上书中堂堂正正,不委曲求全,不屈意奉承,不说违心的话,不说过头的话,特别是始终不曾表露出支持梁王谋划帝位的判逆之言,自救之信意完全经得起礼法和历史的检验。最终全凭以诚感人,以理服人,这是非常难能可贵的。

第三章 内捷

二一、苍鹰的悲剧

郅都,是河东郡大阳县人。汉文帝时代,他在皇帝身边当侍卫,称为"郎",到汉景帝时代,就升为"中郎将"了。他生性胆大耿直,敢于直谏,经常顶撞大臣,有时候,连皇帝也敢顶撞。

有一次,郅都侍驾到上林苑打猎游玩。景帝有一位宠妃姓贾,也跟着去了。休息的时候,贾妃上厕所方便,碰巧有一只大野猪,遛遛达达地跑过来,一拱一拱地,竟也跑进了厕所。

景帝紧张极了,眼看着爱妃就要惨死在野猪爪牙之下。他不敢大声说话,只拿眼睛示意旁边的郅都,让郅都闯进厕所救人。郅都手持兵器,只保护在皇帝身旁,并不行动。景帝没办法,只好自己拿起武器,做势要救人。

郅都这时候,方才拜倒在地,挡住景帝,不让他进去,说:"像贾妃这样的美女,天下有很多。死一个,明天还可以再进一个,陛下何必为她冒生命危险呢?陛下就是不爱惜自己的生命,那还得考虑宗庙社稷和皇太后啊!这么一说,景帝只好把心中的情爱放到一边,不

 鬼谷子

再冒险。

后来,那只野猪在厕所里玩够了,也没有伤害贾妃,又遛遛达达哼哼叽叽地出来了。估计它一出来,就被乱箭穿身了。

事后,窦太后听说了,认为郅都是个难得的忠臣,能考虑宗庙社稷,直言进谏,就赏了一百斤黄金。汉景帝也做顺水人情,赏了一百斤黄金,并开始重视郅都,准备提拔他。

济南郡有个姓"瞷"的大家族,共三百多户,盘踞一方,为非作歹,几任的太守都整治不了他们。汉景帝听说后,就想起了郅都这个人才,派他去济南当太守,想办法铲除瞷氏。

郅都轻而易举地就完成了使命,上任后不久,就诛杀了瞷氏的首恶,该家族的其他成员,吓得两腿打颤,再也不敢违法乱纪。他在济南郡待了一年多,达到了"路不拾遗"的治理效果。他的治理手段可能很简单,就是抓人杀人,不仅本地的官吏百姓被震慑住了,就连周边十几个郡的太守,都很紧张,把平级的郅都当成上级来对待。

景帝把郅都调回长安,担任中尉,这是个军事刑事都负责的重要官职。郅都意气扬扬,见了丞相,都只是

第三章 内捷

做个揖就了事,毫不客气。办案时,不管是平民百姓,还是宗室列侯,一视同仁,严酷对待,好多犯罪的贵族都被灭族抄家。平时大家遇见他,就像看见刽子手一样,不敢正视,私下里,给郅都起了个外号叫"苍鹰"。

汉景帝的儿子刘荣,曾经做过四年的皇太子,在复杂的宫廷斗争中,被对手击败,废为临江王。但对手仍然不放过刘荣,找了他一个小错误,大造声势,激怒景帝。景帝就把刘荣从封地召回,关进中尉府审查。中尉郅都,一向办案严厉,见刘荣是皇帝的钦犯,就很认真地进行审讯。

刘荣是个年轻的贵族,身心脆弱,只过了几次堂,精神就垮掉了。他向郅都索要写信用的刀笔,要给太后和皇帝写信申辩,郅都怕他自杀,不允许。谁知道,魏其侯窦婴想帮刘荣的忙,派人悄悄地把刀笔送进去。刘荣写完信,就用削竹简的刀子自杀了。

这件事本来怪窦婴,他是什么用心,到底是想帮忙还是想害人,后世不得而知。但窦婴是私下里操作,出事后也把头一缩,不肯暴露自己。郅都是中尉府的负责人,重要犯人自杀,他是难辞其咎。

刘荣死了,奶奶窦太后伤心欲绝,总要找个人出气

鬼谷子

才是，所以就恨上郅都了，非要置他于死地。但汉景帝是信任郅都的，拗不过母亲，便把郅都免了官，赶回河东家里闲住。又趁太后不注意，悄悄地派人拜郅都为雁门太守，不到长安报到领旨，直接赴雁门上任。

雁门郡邻近匈奴，经常受到侵扰。但匈奴人也听说过郅都的威名，知道这只苍鹰不好惹。郅都到雁门郡上任后，匈奴人就引兵远去，好多年也不敢侵扰雁门。

北方游牧民族，好像有一个风俗，喜欢把厉害的敌人形象，做成靶子，让士兵们练习射箭。北宋时代的名将杨业，就曾经被契丹人做成箭靶。而雁门太守郅都，也享受了这一待遇。匈奴人扎了一个草人，装扮成郅都的样子，树在草原上，让骑兵们练习箭术。据说，那些剽悍的匈奴骑兵，看见草扎的郅都，居然不敢正视，箭当然也射不中了。

但匈奴也是有谋士和间谍的。郅都在雁门，让他们不得安生，他们就得想办法置郅都于死地。强攻不行，就用反间计，让郅都死在汉朝人自己手里。

匈奴人究竟用了什么计策不得而知，但只要窦太后知道郅都还活着，还在做太守，那郅都的死期就到了。

据说，在处理郅都时，汉景帝和窦太后发生了争

吵。景帝为郅都申辩:"郅都是个大忠臣!"太后反驳道:"临江王难道就不是忠臣?"

窦太后是无理取闹,但她是景帝的亲生母亲,是尊长。最后,儿子只好忍气吞声,眼看着太后下达了处死郅都的命令。

二二、李陵战败匈奴

西汉时,李陵战败投降匈奴,汉武帝非常恼怒。大臣中原来赞颂李陵士气旺盛的人,见此情况都反过来责骂李陵。唯独司马迁对李陵持有不同看法,他直爽地向汉武帝陈述了自己的意见。他说,我和李陵素来没有什么交情,各走各的路,但我看他的为人,很讲交情、很讲义气、恭敬俭朴。他常常想"奋不顾身"以殉国家的急难,确有国士的风骨。如今李陵出了问题,大家都全盘否定他,我实在想不通。这次,李陵只带五千步兵,深入敌境,竭尽全力地杀杀敌,把个人的生死置之度外。他与单于打仗十多天,杀敌之数超过了自己军队的人数,杀得匈奴全都恐惧不已。匈奴单于在这种情况下,动员全国军事力量,共同攻击李陵,在敌强我弱的

情况下，李陵辗转战斗，拼死鏖战，最后因箭射完了，粮食吃光了，归路被切断了，士兵很多伤亡了，才被迫停止战斗。他的投降实在处于迫不得已，他不是真投降，而是想等待有利时机报答国家。司马迁最后还说，李陵的功劳也可以抵补他战败的罪过。武帝听了司马迁的话，大发雷霆，立即把司马迁关进了监狱。而廷尉杜周为了讨好武帝，对司马迁施行了当时最残酷、最耻辱的"腐刑"。

司马迁因身体和精神受到严重的摧残，内心极为痛苦，很想一死了之。但他冷静一想，如果真的死去，在达官贵人的眼中，也不过像"九牛亡一毛，与蝼蚁何以异？"那样死了不但得不到同情，反而让天下人耻笑。他认为"人固有一死，或重于泰山，或轻于鸿毛"，为什么要轻易了结自己的生命呢？至于人身受到侮辱，是完全在意料之中的事。他想到猛虎在深山里为王时，百兽见了都非常害怕，一旦被关进槛圈坑阱之中，也只得向人摇尾乞食，"故士有画地为牢，势不可入……"，如今我已被关进了监牢，有什么办法呢？历史上的王侯将相，如文王、李斯、韩信、魏其都受过侮辱，何况我们这些人呢！因此他决定坚强地活下去，忍受奇耻大辱，

第三章　内捷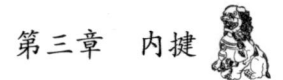

效法文王、屈原、左丘、孙子等人，在自己剩下的岁月里从事著述。由于艰苦、顽强地努力，他终于写成了《史记》这部伟大的著作。

二三、攻守兼备的韦孝宽

韦孝宽，西魏、北周名将。本名叔裕，京兆杜陵（今西安东南）人。广读经史，足智多谋，攻守兼备，善于用间。在战胜东魏、攻灭北齐的战争中起了重要作用。西魏大统三年（537）正月，在东西魏潼关之战中，他率锐卒秘密东出，进至小关，配合主力大破东魏骁将窦泰。因功授弘农郡守，兼左丞，节度宜阳兵马事。后东魏军复占宜阳（今河南宜阳西北）。为离间对方，他着人摹仿东魏阳州刺史牛道恒手迹，伪造书信，投于东魏将领段琛营里。段琛获书果然对牛道恒生疑。韦孝宽遂乘机率众前往偷袭，大破之，俘牛道恒、段琛等。十二年十月，东魏丞相高欢率大军攻玉壁（今山西稷山境），连营数十里。他奉命领兵坚守。高欢军于城外堆土山围攻，他加高城垣，使其不能入；高欢军掘地道欲入城，他截断地道，潜伏士卒，擒杀进入地道的东魏

鬼谷子

军。经50天坚守作战，东魏将士战死、病死者7万人，终未攻破。因功授骠骑大将军。北周建德年间，他数次上书周武帝宇文邕，献灭北齐之策，多被采纳。北周时官至大司空、延州总管、上柱国。大象二年病卒。

韦孝宽任析阳郡守，时独孤信为新野郡守，二人关系甚好，而且政绩出众，被人称为联璧，传为美谈。537正月，在潼关之战中，他率锐卒秘密东出进至小关，配合主力大破东魏骁将窦泰。十一月，韦孝宽攻克东魏豫州城，俘刺史豫州冯邕。538年二月，东魏军进攻，西魏军作战不利，韦孝宽与颍川守将梁回均弃城西归。时边境骚乱，宇文泰令韦孝宽以大将军行宜阳郡事。不久，迁南兖州刺史。是年，东魏将段琛、尧杰占据宜阳，并遣阳州刺史牛道恒引诱西魏边境的居民，韦孝宽深以为患，为离间对方，他着人摹仿东魏阳州刺史牛道恒手迹，伪造书信，投于东魏将领段琛营里。段琛获书果然对牛道恒生疑。韦孝宽遂乘机率众前往偷袭，大破之，俘牛道恒、段琛等。

546年八月，韦孝宽率军镇守玉壁，兼摄南汾州事，进授大都督。十月，东魏丞相高欢率大军攻玉壁，连营数十里。他奉命领兵坚守。东魏军攻城，昼夜不停。韦

第三章 内捷

孝宽随机应变,竭力抗御。东魏军在城南筑土山,欲居高临下攻城。韦孝宽缚木加高城楼,使东魏军不能得逞。东魏军改变战术,挖掘10条地道,集中兵力,攻击北城。韦孝宽则挖掘长沟,切断东魏军的地道,并派兵驻守,待东魏军挖至深沟时,即将其擒杀。韦孝宽又在沟外堆积木柴,备好火种,发现东魏军在地道中潜伏,便将木柴塞进地道,投火燃烧,还借助牛皮囊鼓风,烈火浓烟,吹入地道,地道中的东魏士卒被烧得焦头烂额。东魏军又用"攻车"撞击城墙。韦孝宽用布匹做成帐幔,随其所向张开,攻车撞之,布受冲击立即悬空,城墙未受损坏。东魏军又把干燥的松枝、麻秆绑到长杆上,灌以膏油燃火,去焚烧帐幔,企图连玉壁城楼一起焚毁。韦孝宽把锐利的钩刀也绑到长杆上,等火杆攻击时,即举起钩刀割之,把正点燃的松枝、麻秆全部割掉。东魏军又转用地道,在城四周挖掘地道20条,用木柱支撑,然后放火烧断木柱,使城墙崩塌。韦孝宽在城墙崩塌处用栅栏堵住,使东魏军无法攻入城内。高欢派人劝降说:"没听说有救兵,为什么不早投降?"他说:"我城池坚固,粮草充足,攻城者总是疲惫,而守城者总是轻松,那用得着这么快派救兵?孝宽是关西男

鬼谷子

子,决不做降将军。"高欢又派人射赏格于城中道:"能斩韦孝宽降者,拜太尉,封开国郡公,邑万户,赏帛万匹。"孝宽手题书背,反射城外道:"若有斩高欢者,一依此赏。"经50天坚守作战,东魏将士战死、病死者7万人,终未攻破,高欢还急得旧病复发,不久病死。玉壁之战是中国古代城邑保卫战中以少胜多,以弱制强的著名战例。作战中,韦孝宽足智多谋,因敌设防,指挥果断,使一代枭雄高欢精疲力竭也未能攻克玉壁。

554年九月,韦孝宽与于谨、宇文护、杨忠等领兵5万进攻梁朝。十一月,攻克江陵,因功被封为穰县公。回军后,韦孝宽拜尚书右仆射,赐姓宇文氏。555年四月,宇文泰北巡,命韦孝宽还镇玉壁。孝宽善于抚慰部下,深得人心,又善于用间,他所派往北齐的间谍,都为之尽力效命,也有齐人得到他的财物,与他遥通书信。所以,北齐的一举一动都为北周所掌握。时有一主帅许盆,为韦孝宽视为心腹,奉韦孝宽之命去镇守一城,领命后却投降北齐。韦孝宽大怒,派间谍前去刺杀,不久便斩其首而回。572年又以用间的方法除掉了北齐第一名将斛律光,上书周武帝宇文邕,献灭北齐之三策,都被采纳。579年任徐、兖等十一州十五镇诸军

事、徐州总管、行军元帅，连败陈军，尽取江北之地，580年指挥平定尉迟迥叛乱，名将宇文述、杨素都受他指挥，先在武涉大破尉迟敦10万兵马，追至邺城，面对尉迟迥13万大军初战不利，他突发奇想用箭射围观的数万士民，造成混乱后趁机大破敌军，攻入邺城，尉迟迥自杀，不久叛乱就被完全平息。

二四、崔仲方见高祖

北魏皇帝去世，高祖担任丞相，和仲方会见，非常高兴地握手，仲方也安心。这天夜里崔仲方上奏十八件应该办理，对国家有利的事情。高祖嘉奖并采纳了。又发现高祖威望很高，受到人们的尊敬，私下劝说高祖顺应天意接受天命，高祖听从了。

受禅当皇帝后，高祖召见仲方和高颎商议年号、车马祭牲的颜色。仲方说："晋是金行、后魏是水，周是木。皇家用火承木，获得天统。又皇上自已诞生时，有红色的光亮，车马族旗祭牲都应该用红色。"又劝说皇上废除六宫，请求依照汉、魏的旧制。皇上都听从了。提升为上开府，不久转任司农少卿，进爵安团县公。命

令发动三万民工,在朔方、灵武修筑长城,东到黄河,西抵绥州,南至勃出岭,绵延七百里。第二年,皇上再次命令仲方发动十五万民工在朔方以东一带险要的地方修筑几十座城池,用来阻止胡寇侵犯。因为父丧辞去职务。不到一年,起任虢州刺史,上书谈论攻取陈的计策,说:我谨核对,从晋太康元年(公元280年)、庚子年,晋武帝平定吴国,到现在开皇六年(公元586年)、丙午年,共计三百零七年。《春秋宝乾图》说:"王法三百年变更一次。"现在三百年的期限可以说足够了。陈氏抄掠,从丙子年开始,到现在丙午年,又子午互相冲突,阴阳忌讳。从前史赵曾经说过:"陈是颛顼的后代,属水,所以在鹑火年就要灭亡。"又说:"周武王战胜商,封胡公满到陈。"到鲁昭公九年(公元前532年),陈国遭灾,稗灶说:"五年就到鹑火,以后陈就要灭亡,楚国消灭它。"楚是祝融的后代,为火正,所以再次灭亡陈国。陈承袭舜的后代,舜承袭颛顼,即使太岁星向左运行,岁星向右运转,鹑火,陈族也要再次灭亡,戊午之年,妫虞气数完了,语迹虽不同,但事情的发生正是这样的。皇朝五运相承,感应火德而称王,国号为隋,和楚一样。楚是火正,午是鹑火,未是

第三章 内捷

鹑首,申是实沉。西是大梁。既然遇到周、秦、晋、赵之分,如果值此分发兵,将会得到岁助,用现在衡量古代,陈灭亡不会有疑问。'

我认为午未申酉,都是数极。听说天时不如地利,地利不如人和,况且皇上圣明臣子优秀,军队强悍国家富强,动物植物相处和谐,人与神灵协调默契。在上面君主昏庸,在下面百姓怨声载道。险要的关口一百个里面没有两个坚固的,军队也不是九国之师。夏癸、殷辛尚且不能存在,唯独这个岛夷之国能躲过上天的讨伐!暗自估计朝廷自然会有宏伟远大的谋划,但草野鄙陋的人的见解,希望能增添一点微弱的光亮。现在只需要武昌以下蕲、和、滁、方、吴、海等州更换军帖,调集精悍的军队,密谋渡江的计划,益、信、襄、荆、基、郢等州迅速制造船只,扩大形体,作为水战的器具。蜀江、汉江是它的上游,水路要冲,是一定要争夺的场所。贼寇虽然在流头、荆门、延州、公安、巴陵、隐矶、夏首、蕲口、盆城安放了船只,但最终要聚集汉口、峡口、以水战决定胜负。如果贼寇因为上游有军队,命令精兵赴援,那么下游的各位将领就必须选择时机横渡长江。如果调集重兵自卫,上江水军击鼓前进。

鬼谷子

即使依仗九江五湖的险要,没有德行就不能固守,仅有三吴、百越的军队,没有恩泽不能存在。

皇上看后非常高兴。不久崔仲方转任基州刺史,征召进朝。崔仲方因为当面陈述治国方策,皇上亲善他,赐给他御袍和各种彩绸五百段,进位开府而遣送他。等到大举攻打陈,让崔仲方担任行军总管,率领军队与秦王会见。等到陈被平定,因事获罪被免除官职。不久,再次恢复官位。以后几年,转任会州总管。当时各羌族部落还没有,降附,皇上诏令崔仲方攻打他何;崔仲方率领军队同他们打了三十多仗,平定了紫祖、四邻、望方、涉题、千碉、小铁围山、白男王。弱水等部族。皇上赐给他一百三十个奴婢、三十斤黄金和一些其它种类的礼物。

二五、拓拔力微杀儿

拓拔力微是鲜卑族拓拔部落的首领,沙漠汗是力微的儿子。当时拓拔部落臣服于西晋,所以沙漠汗以部落继承人的身份被送到西晋都城洛阳作人质以维持双方的和平。后来力微年事渐高,沙漠汗继承王位心切,便请

第三章 内捷

求回国。晋武帝（266—290年间在位）很隆重地欢送他回国。然而力微并未去世，于是过了几年，沙漠汗又来到晋朝，准备当年冬天再回国。

晋朝的征北将军卫瓘（220—291）发现沙漠汗相貌堂堂，胸怀大志，担心以后会对晋构成威胁，于是便请求晋武帝暂时不要让他离开，另一方面派人到拓拔部落，用金银珠宝收卖那些部落头人，使其对沙漠汗产生怀疑。两年之后，晋朝才允许沙漠汗离开。拓拔力微派各部的头人对阴馆迎候沙漠汗。众人相见，畅怀痛饮，突然一只鸟儿从席上飞过，沙漠汗正在酒酣耳热之际，为助酒兴，便抬手用弹弓打下了飞鸟。当时拓拔部还比较落后，没有弹弓，看到他拿出一个什么东西，一抬手，鸟儿就掉了下来，非常惊异，也极为震惊，头人们在密谋商议中都很忧虑："沙漠汗在穿着服装上已经被中原人同化了，又不知从哪儿学得这些惊人的绝技。如果他继承了部落首领的位子，必然会决心改变我们的习俗和生活方式，那时我们可就要遭到排挤了。"于是下决心干掉沙漠汗。他们先一步回到部落，向人们宣扬："沙漠汗用弹弓射落了飞鸟，肯定是学到了中原人的那些歪门邪道。"本来从沙漠汗到晋朝之后，他的那些弟

鬼谷子

兄们就受到力微的宠爱,他们在旁不断说沙漠汗的坏话,力微对沙漠汗也渐渐生出怀疑。等各部头人这么一说,更证实了他的怀疑,便命令道:"找个机会干掉他。"头人们大喜,马上飞奔到塞内,假托力微之命杀了沙漠汗。

没过几年,力微病重。这时他身边最亲近的大臣是乌丸王库贤,权势显赫,然而库贤却暗地里接受卫瓘的贿赂,想趁机破坏各部之间的联盟。于是便装模作样在院中磨钺斧,磨刀霍霍,杀气腾腾,众人不知发生了什么事,上前去问,库贤说:"你们曾进谗言,害得首领杀了自己的亲生儿子,现在首领要报这个仇,准备把你们的儿子一个个地杀光。"各部大人一听纷纷落荒而逃。拓拔力微不久也死了,年一百零四岁。他当首领五十八年,使拓拔逐渐强盛,但晚年却中了卫瓘的反间计,给部落带来了不幸。

二六、杨广重金贿父姬

陈宣帝有一女儿,生来聪明伶俐,长得又十分美丽,可以说是绝色佳人。隋灭陈(589年)后,被掳入

隋后宫，后选为文帝（581—604年在位）嫔妃。当时独孤皇后醋劲很大，不准文帝去见别的妃子，唯独陈氏依然得到宠幸。杨勇还是太子、杨广为晋王镇守在外时，就心里算计着夺取太子之位，他希望得到陈氏的帮助，所以经常给她送些礼物，又是金蛇，又是金驼的，向陈氏讨好。果真买通陈氏，在文帝废杨勇，另立杨广这件事中，陈氏真出了大力。独孤皇后死后，她升为贵人，文帝只宠幸她一个人，宫内一切事听命于她，权位显赫。文帝病重去世之际，遗诏封她为宣华夫人。后又与杨广私通。

二七、兵不血刃

"兵不血刃"形容没有打仗就获得了胜利。

此典出自《荀子·议兵》："故近者亲其善，远方慕其德，兵不血刃，远迩来服。"

《议兵》是战国时的思想家、哲学家荀子论述军事问题的一篇文章。

荀子说：用兵的目的在于禁暴除害，而不在于争夺。仁义之师统治的地方，就会出现大治的局面，仁义

之师所到之处，人民就会得到教化。尧伐驩兜，舜伐有苗，禹伐共工，汤伐有夏，文王伐崇，武王伐纣，都是以仁义之师行于天下。因此，周围的人都喜爱他们的美德，他方的人都仰慕他们的仁义。如此一来，不必使用武力，人们就会来归服了。德行如果达到这样好的程度，它的影响就会遍及到四方。

二八、修饰边幅

"修饰边幅"原意是卖布商人修理布匹边幅。后人藉马援见公孙述的故事，用"修饰边幅"比喻人修饰他的外貌。同时也有把这成语引申为"不修边幅"，比喻一些人不注意修饰外表。

此典出自《左传·襄公二十八年》："且夫富如布帛之有幅焉，为之制度，使无迁也。夫民生厚而用利，于是乎正德以幅之，使无黜靷，谓之幅利。"

又见《后汉书·马援传》：天下雌雄未定，公孙不吐哺走迎国士，与图成败，反修饰边幅，如偶人形。此子何足久稽天下士乎？

王莽末期，马援和他的哥哥马员都作了郡守。王莽失败后，兄弟二人都到凉州去避难。马援投靠在了隗嚣的手下。隗嚣很器重他，一有事总和他商量。公孙述在成都做了皇帝，隗嚣派马援去看那边的情况。

马援自以为自己和公孙述是同乡朋友，见面之后一定会十分高兴的。谁知他一到成都，公孙述就摆出全副銮驾，由礼官赞礼，领他上殿，行礼已毕，又领他出去住在驿馆里；而且替他做了一身特制的冠服，接着开一个盛大的朝会，公孙述坐了御车，由侍卫簇拥而来，戒备森严，仪式隆重，把马援看作布衣之交（意即贫时的朋友），表面上十分优待，说要封马援为侯爵，跟随马援的随从倒都乐意留下，马援却不以为然，对他们说："天下未定，他不以礼贤下士为急，只知修饰边幅，摆空架子，像个木偶一样装模作样，这样的人怎能和他共事"回去后报告隗嚣说："公孙子阳不过是个井底之蛙，根本不明白大势，一味妄自尊大，还不如一心一意辅佐光武帝呢！"

二九、虚张声势

"虚张声势"表示故意假造声势来吓唬人。

此典出自《红楼梦》第四回："老爷明日上堂，只

鬼谷子

管虚张声势,动文书,发签拿人。"

贾雨村授了应天府,一上任就遇到一个人命案。这件案子的凶手是薛家的公子薛蟠,而薛家又是金陵一霸,所以就给贾雨村断案带来了麻烦。

贾雨村正要发签差公人将凶犯家属捉来拷问时,只见案旁一个门子给他使了个眼色,叫他不要发签。雨村疑惑不解,退至密室与门子交谈。谈话中雨村才知道这个门子是他的故人——葫芦庙里的葫芦僧,雨村笑嘻嘻地拉着葫芦僧的手要葫芦僧为他了结此案出点子。葫芦僧把这个案子各方面的干系都告诉了贾雨村,并为他想了一个两全其美的断案办法。葫芦僧说:"老爷明日上堂,只管虚张声势,动文书,发签拿人——凶犯自然是拿不来的,原告肯定不依,只用将薛家佣人及奴仆拿几个来拷问,小的暗中调停,令他们报个'暴病身亡'……"贾雨村知道了其中的利害关系,便照此办理,第二天就将此案断了。贾雨村把案子了结之后,便急忙写信给贾政和京营节度使王子腾,说:"令甥之事已完,不必过虑。"贾雨村也因此得到上面的赏识。

三〇、扬眉吐气

"扬眉吐气"比喻摆脱了长期受压抑的境况,心情得到舒展,感到畅快高兴。

此典出自唐代李白《与韩荆州书》:"而今君侯(指韩朝宗)何惜阶前盈(满)尺之地,不使白(李白)扬眉吐气,激昂青云耶?"

这是唐代诗人李白为了让韩朝宗举荐他而给韩朝宗写的一封信中的内容。大概意思是劝说韩朝宗不要舍不得台阶前一尺宽的地方,给李白一个官职,从而让他扬眉吐气,振奋得意地步步高升。

三一、扬扬得意

"扬扬得意"(或作"洋洋得意")形容骄傲而满足的样子。

此典出自《荀子·儒效》:"呼先王以欺愚者而求衣食焉,得委积足以掩其口,则扬扬如也。又见《史记·管晏列传》:意气扬扬,甚自得也。"

 鬼谷子

春秋时,晏子(名晏婴)先后担任齐灵公、齐庄公、齐景公时的宰相,政绩显赫,名满天下。然而,晏子并不居功自傲,他为人谦和,生活朴素。有一次,晏子出使晋国。齐景公觉得晏子的住宅低矮潮湿,又临近街市,很喧闹,就在晏子不在的时候为他建了一座新住宅。晏子回来后,先拜谢了景公,接下来叫人将新房子拆掉,恢复到原来房子的样子,并把老住户请了回来,屋归原主。他还说:"君子不该做那种毁人居所的非礼之事。"

晏子有个马车夫,他认为自己为宰相赶车,就很了不起。他在大街上驱赶着四匹快马,站在宽大的车盖下,一副趾高气扬的样子。一天,马车夫的妻子在家中往外看时,恰巧看到了丈夫那副样子,觉得十分恶心。马车夫回家后,妻子对他说:"你现在是个大人物了,我配不上你,请求离去。"丈夫非常惊奇地说:"你今天怎么了,说出这种话来?"

妻子趁机劝谏他说:"晏子高不过六尺,但身为齐国宰相,从而名扬诸侯。但我看他坐在车上的时候,样子谦和谨慎。你身高八尺,不过是个马车夫罢了,却做出趾高气扬、盛气凌人的样子。我看不惯你的行为,因

此要求离去。"马车夫听了，马上认错道："你不要再说了，我改了就是。"

从那以后，马车夫时刻注意保持谦恭的样子。晏子很奇怪，问清了事情的前因后果以后，赞赏他知错能改，后来他推荐这马车夫做了大夫。

三二、怡然自得

"怡然自得"形容高兴而自满的样子。

此典出自《列子·黄帝》："黄帝既悟，怡然自得。又见晋代陶潜《桃花源记》：黄发垂髫，并怡然自乐。"

晋朝孝武太原年间，武陵地方，有个打鱼的人。有一天，他顺着一条小溪捕鱼，竟然忘了路程的远近，他一直往前走，走进了一片桃花林。那里风景十分优美，十分少见。渔人觉得奇怪，总想看看这座桃林到底有多远多宽。当他把桃林走完时，便发现山旁有一个洞，里面似乎还有光亮。他便走进洞去，开始时道路狭窄，再走几十步，豁然开朗，简直是一片平原。平原上桃红柳绿，房舍井然有序，男耕女织，怡然自得，每个人都过着自由幸福的生活。他们看见渔人进来，家家都设酒杀

 鬼谷子

鸡，招待渔人。在言谈中，渔人才知道这里的人是祖先为了逃避秦代的祸乱，才逃进这个洞里来的。他们与世外隔绝多年，也不想再出去了。外面是个什么时代，他们也不知道。渔人在此待了几天，受到各家各户的热情招待。当他准备离开这些好客的主人时，大家都和他说："洞中情况，不要给外边的人说。"

　　渔人出来后沿着原路往回去，还处处做了标记。到武陵后，渔人将这事告诉了太守。太守立刻派人去找那个世外的桃源，找来找去，始终都没再能找到。

第三章 内揵

内揵第二

内者，进说辞①；揵者，揵所谋也。故远而亲者，有阴德也；近而疏者，志不合也。就而不用者，策不得也；去而反求着，事中来也。

日进前而不御者，施不合也；遥闻声而相思者，合于谋待决事也。故曰："不见其类②而为之者，见逆，不得其情而说之者，见非。得其情，乃制其术。此用可出可入，可揵可开"。

【注释】

①内者，进说辞，揵者揵所谋也：内，即纳，纳言于人。揵，即结，结谋于人。陶弘景注："说辞既进，内结于君，故曰：内者，进说辞也。度情为谋，君不持而不舍，故曰：揵者，揵所谋也。"

②类似、共同点。

【译文】

臣进说辞于君主,就能从感情上与君结交,被君主宠信。君主对于臣子献的决策谋略就会持而不舍。所以说那些远离君主而能与君主亲近的,是有阴德的缘故。离君主很近而关系疏远,是因为他们的思想与君主不合,主动投靠君主而得不到重用的人,是因为决策不被君主采纳,不得君心,那些离开君主的反而得到诏求,是因为后来发生的事正如他们曾经预料的那样。

天天在君主面前而没有被使用的人,是因为他们的施政措施与君主不合的缘故。君主远闻其名声而思念的人,是因为他们的谋略思想与君主暗合,君主期待他前来共同商量国家大事。所以说,如果与君王志趣不同就进献计策,必然被斥退,适得其反;不了解君主思想感情而进说辞必定不能达到目的。只有掌握了君主的心意,情意相投合才能同君定制定方针大计,控制他的施政措施。运用这种方法,就可出入自由,可以事君或离开君主。

【感悟】

要想上司采纳你的建议,必须先要了解上司的真实思想,真实意图,与上司情投意合之后,上司才会相信你，采纳你的建议，这样就可以推行你的施政方针了。

【故事】

一、立木树威信

进入战国时代后，有实立的大国只剩下齐、楚、魏、赵、韩、燕、秦，人称战国七雄。

秦国田地处西北，中原诸侯国都视其为野蛮部落，很看不起秦国，并侵吞其国土。

公元前361年，秦国新国君秦孝公继位，他希望自己做一个有为的君王，使国家强盛起来，就设法网罗人才，宣布不论是本国人还是外来客人，只要能使秦国富强，就能获得大量封地。结果卫国的一位叫卫鞅的贵族，来到了秦国。

卫鞅把自己治国的谋划对秦孝公讲了以后，得到了秦孝公的支持，于是他就准备发布一系列变革旧制的新法。然而，要使全国的老百姓按照从来未曾实行过的新法办事，首先要树立起法令的威信。否则，人们就不会把新法当回事，认真执行。

鬼谷子

为了取信于民,卫鞅命人在都城咸阳的南门立了一根木头。派官吏看守,并宣布谁若能把这根木头搬到北门,就赏给谁200两黄金。

起初,围观的人很多,但都认为这事办起来很容易,一般人都能做到,却要赏那么多黄金,不明白其间有什么意图,没有人敢动。

看守木头的官吏把这种情况告诉了卫鞅。卫鞅说:"没有人肯搬木头,大概是嫌赏钱太少吧!你们去宣布赏金增加到1000两。"

人们听到新的赏额,觉得更不近情理了,闹得全城沸沸扬扬。但仍是只说不动。这时,有个不信邪的人,挤出人群。站在木头边上说:"秦国向来不出重赏,现在发了这样一道命令,其中必有原因。我来试试,也许得不到1000两黄金,但总不至于失掉些什么吧!"听完扛起木头就走,许多围观的人跟着他,一直来到了北门。

卫鞅立即召见了搬木头的人,对他说:"你能听从命令,真是个好百姓!"立即贷给他1000两黄金。这个消息不胫而走,人们都传说卫鞅言而有信,出令必行。卫鞅一看威信树立起来了,第二天便向全国发出了实行

第三章 内捷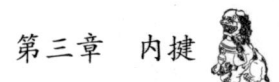

新政的命令。

由于立木建立了威信,人们对新的命令不敢不遵行,变革新法比较顺利地得到了贯彻,秦国随之发生了许多变化,逐渐强大起来。

二、河伯娶媳妇

战国时期,魏国的大将西门豹,奉命治理邺城。邺城,就在现在河北省的临漳,漳河水就从这里流过。

邺城本来是个富饶的地方,可西门豹到这里时,却发现这里房屋倒塌,土地荒芜,人口很少,一片凄凉的景象,好象刚刚经历了战乱似的。他心里十分纳闷。找了当地的老百姓一了解,才知道这是让河伯娶媳妇这桩怪事给闹腾的。

河伯"娶媳妇"究竟是怎么回事呢?原来此地有一个巫婆,她手下有一帮女徒弟。她们与当地的富绅、乡长勾结在一起,说是每年必须给漳河里的水神——河伯——娶一个漂亮的媳妇。否则的话,河伯就会发怒,兴风作浪,淹没庄稼,冲坏房屋,甚至淹死百姓。

每年春天,巫婆就带着女徒弟们满处转悠,看到谁

 鬼谷子

家的姑娘漂亮，就说："这个女子应该送去作河伯的夫人。"如果是有钱的人家，可以交钱买替身。要是没有钱的人家，就只好眼睁睁地看着自己的孩子被拉走。

到了给河伯娶媳妇的那一天，巫婆、官绅、乡长们就在漳河边摆上帷帐床席，给女孩子换上衣服，装扮一番，然后让她坐在苇席编的花船上，随着河水漂流而下，苇船和人慢慢地就沉入河底。

年年如此，老百姓被勒索的钱财已无法计算，也说不清有多少人家的女孩子白白送了命。闹腾得当地老百姓惶惶不安，纷纷逃往其他地方。

了解到这个情况，西门豹心想："要治理好邺城，就必须把骗人的河伯娶媳妇把戏拆穿。"但用什么方法效果最好呢？他思来想去，终于想出了个将计就计的妙着。他立即派人转告往年操办河伯娶媳妇的官绅，说是今年的仪式他一也要参加。

这一年河伯娶媳妇的日子又来到了，西门豹带着一队武士来到河边。他看到一个三分像人七分像鬼的老妖婆站在最前面，身后跟着10多个手捧毛巾衣服的女徒弟，簇拥着一个穿红披绿的小姑娘。几个官绅和乡长们也很神气地站在一边。

第三章 内捷

在那个老巫婆的指挥下,那一伙人正要把小姑娘往苇席绑的花船上架。西门豹突然派人传令说要等一下,他要亲自看一看给河伯做新娘的美女。

老巫婆叫徒弟把那个打扮好的小姑娘领到西门豹面前。西门豹抬眼一看,只见那女孩子面容憔悴,满脸泪痕。就怒气冲冲地对老巫婆说:"你们怎么选这么个丑闺女,这哪配得上做河伯夫人呢?河怕要是不满发起脾气来,谁担待得起?劳驾巫婆去跟河伯说一声,就说太守西门豹要另外选一个漂亮的姑娘,过几天再送去。"

说完,西门豹就叫身边的武士,把老巫婆"扑通"一声扔进了漳河。老巫婆在河里扑腾了几下,就沉了下去。

西门豹煞有介事地站在那里,不断地往河面上瞧着,仿佛真地在等巫婆的回音。可过了好一会儿,也没有动静。西门豹又开口说:"老巫婆年纪大了,办事不利索,这长时间还不回来,让她的徒弟去催一催吧。"

武士们又抬起巫婆的几个女徒弟,"扑通""扑通"又扔进漳河里。

又等了一阵,西门豹对官绅说:"去的几个都是女

鬼谷子

的,不会办事,还是麻烦你们几位走一趟,一定要快去快回。"

武士们不由分说,就把几个以往借此勒索百姓的官绅扔进漳河。漳河水夹着泥沙,卷着旋窝,把他们也给吞没了。

几批人都一去不返,西门豹皱了皱眉头,再次开口说:"怎么搞的,他们都不回来报个信?谁再去催一催呀?"

一听这话,余下的那些女徒弟和官绅、乡长们顿时吓得脸上没有一点活人的颜色了,连忙哆哆嗦嗦地跪在西门豹面前求饶。

西门豹见戳穿河伯娶媳妇的时机已经来到,就提高嗓门大声说:"什么地方没有河,什么河里没有水,水里哪有什么水神?你们利用河伯娶媳妇,敲榨勒索,坑害晒"姓,不让大家过安稳日子,早就应该得到严厉制裁。今天,老巫婆他们已经死了,以后有谁再想给河伯娶妻,就叫他当媒人,先去给河伯送信。"

从此以后,谁也不敢再提给河伯娶媳妇的事了。西门豹亲自带领当地老百姓治理漳河,使邺城开始呈现兴旺景象,老百姓们从此安居乐业。

三、马骨变出千里马

历史上的战国时期,秦、楚、齐、燕、赵、魏、韩七国,各据一方,称王称霸,常常你打我,我打你。其中燕国比较软弱,不断遭到别国的侵略。有一次,齐国趁燕国内部出现一些混乱,就派兵打了进去,燕国差点被灭掉。

为了使国家强盛,燕国国君燕昭王决定广招人才,共同治理燕国。可是,怎样才能把有才干的良臣、武将召集来呢?

有人对燕昭王说,有个贤人叫郭隗 kuí(wěi),足智多谋,超群出众,过去的国王没有重用他,让他闲在家中;现在要召集人才,可先找他商量。

燕昭王亲自登门拜访,发现郭隗已是年过花甲的老人,不免有些失望。

郭隗似乎看透了燕昭王的心思,不紧不慢地说:"重用人才,这是治理好燕国的根本。可是,怎样才能把许许多多出类拔萃的人才召集来,我也说不上。就先讲个故事给您听听吧。"

古时候,有个国王很爱千里马。他叫人到处寻找,

鬼谷子

找了三年也没找到。有个侍臣打听到很远的地方有一匹十分名贵的千里马,就跟国王说,只要给他一千两黄金,在三个月内,准能把千里马带回来。

国王毫不犹豫地让他带一千两黄金去买。侍臣餐风宿露赶到那里,不料那匹千里马得病死了。侍臣想,我已经向国王下了保证,准能买回千里马。如今空着双手回去,怎么交代?国王要是怪罪下来,说不定性命也难保!

想来想去,他想出一个好主意,就把带的黄金拿出一半,买了马骨头带了回去。

侍臣把马骨献给国王。国王气愤地骂道:"叫你去买活马,谁叫你买无用的马骨回来!白白损失了五百两黄金。"

侍臣却回答说:"陛下,不要小看这马骨,它能变出活的千里马来。"

国王并不相信他的话,说:"无用的骨头怎么能变出活马来?"

侍臣说:"人们听说陛下肯花五百两黄金买死马骨头,就知道您是真心爱惜千里马,人们就会把活的千里马送上门来。"

国王将信将疑,不过还是照侍臣说的,非常隆重地

埋葬了马骨。

这件事很快传开了。不到一年，果然有三匹千里马送到了国王面前。

故事讲到这里，郭隗停住了。

燕昭王开始不明白，他为什么讲这么个故事？后来一琢磨，才明白郭隗的真正用意，心里十分佩服，他想："郭隗是想叫我把他当作马骨，引来千里马。"

燕昭王高兴地回到皇宫，马上叫人造了一套别致的房子，让郭隗住在里面，还公开宣布拜郭隗为师，虚心向他求教。

这件事很快传开了。人们知道燕昭王是真心实意爱惜人才，重用人才，许许多多有才能的人跑到京城，请求燕昭王接见。不少外国的智勇双全的人才，也争着向燕国奔来。

燕国有了各式各样的人才，很快强大起来。

四、青蝇报赦

"青蝇报赦"形容赦免等事；也可用来形容消息流传很快，不胫而走。

 鬼谷子

此典出自《晋书·苻坚载记》。

公元 4 世纪中叶,氐族人侵占了关中,建立了前秦。公元 355 年,前秦君主苻健去世,他的儿子苻生即位。公元 357 年,苻坚(公元 338～385 年)杀掉苻生,自立为秦帝。他重用王猛,打击豪强,休养生息,国势日益强大。

苻坚篡夺君位五年时,有凤凰飞集在都城长安的东门,苻坚认为这是吉祥的预兆,因此在国内实行大赦,百官的官爵都晋升一级。当初,苻坚将要实行大赦时,与王猛、符融在甘露堂秘密商议,不让其他大臣参加。苻坚亲自撰写赦文,王猛和符融在一旁准备纸张笔墨。有一只大苍蝇从窗户飞进屋里,嗡嗡飞得很响,落在毛笔尖上,赶走它,它又飞回来。不一会儿,长安城的街道、里巷、集市上人们奔走相告说:"官府要大赦了。"有关部门把这个消息报告给苻坚,苻坚大吃一惊,对符融、王猛说:"宫禁之中没有隔墙之耳,大赦的事情怎么会泄露出去呢?"因此传令宫外,要彻底追查这件事。人们都说,有一个穿黑衣服的小人,在市场上大声呼喊说:"官场就要大赦了。"喊完,转眼就不见了。苻坚叹息说:"这个穿黑衣服的小人,可能就是那只大苍蝇吧?

第三章 内揵

难怪它的叫声和形状都非同寻常,我当时很厌恶它。谚语说:'要想人不知,除非己莫为。'声音再小也会被人听到,事情还没有做就会显露出来,说的就是这个道理。"

五、掣肘难书

"掣肘难书"说明充分信任,放手使用部下,给他们一定的自主权,是关乎事情成败的重要环节。

此典出自《吕氏春秋·具备》:"宓子贱治单父,恐鲁君之听谗言,而令己不得行其术也,将辞而行,请近吏二人于鲁君,与之俱至于单父。邑吏皆朝,宓子贱令吏二人书。吏方将书,宓子贱从旁时掣摇其肘。吏书之不善,则宓子贱为之怒。吏甚患之,辞而将归。宓子贱曰:'子之书甚不善,子勉归矣!'二吏归报于君曰:'宓子不可为书。'君曰:'何故?'对曰:'宓子使臣书,而时掣摇臣之肘,书恶而又甚怒。此臣所以辞而去也。'鲁君太息而叹曰:'宓子以此谏寡人之不肖也!寡人之乱宓子,而令宓子不得行其术,必数有之矣。微二人,寡人几过!'遂发所爱,而令之单父,告宓子曰:

'自今以来,单父非寡人之有也,子之有也。有便于单父者,子决为之矣。五岁而言其要。'宓子敬诺,乃得行其术于单父。"

这段话意思是说:宓子贱受命治理单父,却又怕鲁君听信谗言,使他不能按照自己的主张治理。所以在即将辞行、走马上任的时候,请求鲁君派两名近侍随他同往单父。

到达单父,当地官吏都来参见,宓子贱让这两名近侍书写记录。近侍刚要书写,宓子贱就从旁边摇晃他的胳膊,以致写得非常难看。宓子贱借机大发雷霆。两名近侍非常犯愁,要辞别回都。宓子贱说:"你们书法很差,回去努力自勉吧。"

两名近侍回去报告鲁君说:"宓子贱这个人,很难和他一起做事,无法为他书记。"鲁君问:"为什么呢?"近侍回答道:"他让我们书写,却又不时摇晃我们的胳膊;字写不好,又大发脾气,单父的官吏们都笑他,因此我们就告辞回来了。"鲁君听了,叹息说:"这是宓子贱在劝谏我改正不贤德的地方啊!过去我一定对宓子贱干扰过多,使他不能按照自己的主张办事。没有你们二人,我差点做错事。"

第三章 内揵

于是，鲁君又立刻派遣一名宠信官吏前往单父，转告宓子贱说："从今往后，我不再过多地干涉单父了，主权属于您了。只要有利于治理单父，您就自己作决定吧，五年之后再回报您的政绩。"

宓子贱恭敬地答应了，顺利地在单父推行了他的政治主张。

六、沆瀣一气

"沆瀣一气"比喻臭味相投的人勾结在一起。

此典出自《唐语林·补遗》："崔相沆知贡举，得崔瀣。时榜中同姓，瀣最为沆知。谈者称：'座主门生，沆瀣一气。'"

这段话意思是说：

唐朝时候，一个叫做崔沆的人，一次，唐僖宗派他去做主考官，结果，他把一个叫崔瀣的人任用了。这两个人都姓崔，而两个单名连起来是"沆瀣"两个字。"沆瀣"两字连在一起，正是夜里水气的别名；而崔沆又是崔瀣的主考官，于是，当时有一个叫钱希白的人，在一篇文章中说他俩是"座主门生，沆瀣一气"。

 鬼谷子

七、河清难俟

"河清难俟"比喻希望很难实现。

此典出自《左传·襄公八年》:"周诗有之曰:'俟河之清,人寿几何?'"

春秋时,楚、晋两国都很强盛,郑国是一个小国,却处在楚、晋两个大国之间,因此郑国只能采取左右逢迎的政策。有一次郑国公子子国和子耳兴兵攻打蔡国。打了一次胜仗,子国的儿子子产很不以为然,担心楚国会来讨伐(因蔡国是臣属于楚国的)。那年楚庄王果然派他儿子公子贞亲自率兵来攻,郑国的当权者子驷、子国等不知所措,有的主张向楚国投降,有的主张等待晋国来援,子驷说:"我记得周诗中有这几句诗:"俟河之清,人寿几何?兆支询多,职竞作罗。谋之多族,民之多还,事滋无成。"意思是:要到黄河水清,人的寿命哪有这么长?既用卜来求人,又向人去问计,做的事已够多了。郑国主持大事的人又多,各持己见;顺从这方的主张;又忽略那方的意见,所以讨论的事情没有任何结果。现在楚兵就要来到,人民的生命处在危急中,不

如暂时顺从楚国,让郑国老百姓松口气,不会死在战争里……"最后郑国终于丧权辱国,向楚国投降。

八、黑白混淆

"黑白混淆"即黑的白的混在一起,分不清楚。比喻颠倒是非。

此典出自《后汉书·杨震传》:"白黑溷('混'的异体字)淆,清浊同源,天下哗,咸曰财货上流,为朝结饥。"

东汉时,有一个叫杨震的人,字伯起,历任荆州刺史、涿郡太守、司徒、太尉等职。杨震为人正直,廉洁奉公,声望很高,当时人们都称他为"关西孔子"。在杨震当荆州刺史的时候,曾推荐过一个叫王密的人做了昌邑县令。一次,杨震路过昌邑,王密趁夜深人静的时候,将十斤黄金献给杨震。杨震不但没接受,还批评了王密一顿。

当时,汉安帝(刘祜)的乳母王圣及中常侍樊丰等贪侈骄横,大兴土木,为自己建造住宅,耗费了巨大的资财。对此,杨震非常痛恨,于是上疏给安帝,揭露了

 鬼谷子

这些人的罪恶。在其中的一封奏疏中,杨震写到:"如今白黑混淆,清浊不分,人们议论纷纷,都在指责朝内朝外贪污成风。"但是,汉安帝非但没有听从杨震的劝告,还在那帮坏人的怂恿下,下诏免了他的官职,遣返回乡。延光三年(公元124年),杨震服毒自杀。

九、国乱思良相

一天魏文侯对他的谋士李克说:"谚云:'家贫则思贤妻,国乱则思良相。'我想:魏成子和翟璜两个人都很好,因而不知道到底让谁做相国好,你觉得两人谁强些呢?"李克说:"你拿不定主意,是由于平时考察不够。考察一个人的标准是:平时要看他亲近些什么人;富裕了要看他和什么人做朋友;当官了要看他推荐什么人;不做官了,要看他哪些事不屑于干;贫穷了要看他哪些钱不屑于拿。通过考察这五个方面,就可以决定这两个人谁强些。"魏文侯说:"行了,你休息吧,我知道该封谁做相国了。"

李克出来,遇见了翟璜,翟璜说:"听说文侯找你商量谁能够做相国,决定了没有?"李克说:"魏成子为

相国。"翟璜不服气地说:"我哪一点不如魏成子?国王缺西河太守,我荐举西门豹;国王要攻打中山,我推荐乐羊;国王的儿子没有师傅,我推荐屈侯鲋。结果是:西河大治,中山攻克,王世子品德日益增长。我为什么不可以做相国?"李克说:"你怎么比得上魏成子呢?魏成子的千钟俸禄,百分之九十用来招揽人才,所以卜子夏、田子方、段干木三个人都从别的国家应募而来。这三个人,魏文侯都以师礼相等。而你所推荐的人,不过是魏文侯的臣仆,你怎么比得上魏成子呢?"翟璜思忖了一会,惨然失色说:"你说得没错,我是比不上魏成子。"果然,魏文侯让魏成子当了相国。

一〇、苏代进谗言

苏代从齐国派人对燕昭王说:"我已离间了齐国和赵国的关系,齐、赵两国孤立了。大王何不出兵攻打齐国?我愿意帮大王削弱它、"燕国于是攻伐齐国,攻打晋地。

苏代派人去对齐闵王说:"燕国进攻齐国,是想收复从前燕王啥时的失地。燕国军队驻扎晋地不前进,是

因为他们兵力弱小，主意拿不定。大王为何不派苏秦先生领兵去向燕国作战？凭苏先生的贤能，率兵去与弱小的燕国作战，燕国必败无疑。打败燕国，赵国就不敢不顺从，这样，大王就大败燕国，制服赵国。"齐闵王说。"好吧。"便对苏秦说："燕军驻扎在晋地，现在我派兵去迎战，希望您为我领兵。"苏秦答道："对于用兵的事，我怎敢担当？大王改派别人吧。大王若派我去，这是葬送大王的军队，让我把齐国送给燕国。如果战败了，齐国便无法挽救了。"闵王说："放心去吧，我了解您。"

苏秦于是领兵，与燕军在晋地交战，结果，齐军大败。燕军杀死齐军二万人。苏秦集合残余之兵，退守阳城，并报告齐闵王说："大王选错了人，派我去应战燕国。现在我军大败，阵亡两万人，我该千刀万剐，我愿意接受法官判处的死刑。"闵王说："这是我的过错，您不要自认有罪。"

第二天，苏代又让燕军攻打阳城和狸地，并派人对齐闵王说："昨天，齐国在晋地没有打胜，这不是用兵的错误，而是齐军不走运，燕军有上天保佑。现今燕军又攻打阳城和狸地，这是上天保佑我们成功。大王再派

第三章　内揵

苏秦去应战，苏泰先使大王军队打了败仗，以后必定竭尽全力争取胜利，来报答大王。"闵王说；"好。"于是又派苏泰领兵。苏秦执意推辞，但闵王不同意。苏泰于是领兵与燕军在阳城大战。燕军大胜，杀死齐国士兵三万。齐国君臣不和，百姓离德离心。燕国便派乐毅为将，大规模起兵攻打齐国，大败齐军。

一一、竹简上的刻字

春秋时期，齐景公巡视纪地（今山东寿光县南），当地老百姓把从地下挖到的一只金壶献给景公，景公叫人把壶盖打开，发现壶里面藏有两片竹简，上面用红漆写着八个字："食鱼无反，勿乘驽马。"齐景公说："写得真好？食鱼无反，吃鱼时吃了一面不要把另一面也吃光，可以防止鱼腥太重；勿乘劣马，因为劣马不能走远路。"晏婴对他说："您说的不对。'食鱼无反'，告诫后代的国君不要耗尽民力！'勿乘驽马'，是忠告国君不要把小人放在自己的身旁！"齐景公问道："按照你的意思，纪国的国君有此丹书，应该是很有远见的人了，但是纪国为什么会在我执政的一百多年前就被齐国灭掉了

呢?"晏婴回答道:"纪国灭亡是有原因的。我听说,贤明的国君,应把自己的主张写在竹简上,张挂在城门上、里弄口,让全国的百姓都知道。而纪国的国君虽然有好的主张,却把它藏在金壶里,埋在地下,这样一来老百姓根本不知道,所以纪国除亡国之外,还有什么选择呢!"

一二、封侯后的商鞅

秦孝公因卫鞅占领了西河,打了大胜仗,就封他为侯,把商于(在河南省淅川县西;)一带十五座城封给他,称他为商君。卫鞅就叫商鞅了。

商鞅谢恩回来,非常得意。家臣和亲友们都向他表示祝贺。有的说,秦国能够这么富强,全是他的功劳;有的说,他是自古以来最出名的改革家;有的说,他改变了土地制度,真了不起;有的说,他压住了贵族,实行连坐法,他所做的每一件事都是大事情。大伙儿你一言、我一语,说得商鞅心里美滋滋的。他骄傲地问他们:"我比五羊皮大夫怎么样?"大伙儿都奉承着他,说:"他哪儿比得上你呢?"其中有位叫赵良的门客,听

第三章 内捷

了这些话,实在忍不住了,大声地说:"你们都在商君门下吃饭,怎么不替他担点心事,反倒胡说八道,一味地奉承他!"大伙儿听了,不敢出声。商君有点不高兴,在他满面春风的脸上浮上一层怒气,问他:"先生有什么话要说?"赵良说:"您要知道一千个人瞎称赞,不如一个人说真话。如果您不介意的话,我就说给您听听。"商鞅关于笼络门客,听了赵良的话后,立刻恭敬地说:"俗语说,'良药苦口',请先生指教。"

赵良一想,要说就说个透,要骂就骂个够。他挺郑重地对商鞅说:"您说起五羊皮大夫,我就把他跟您作个比较吧。百里奚在楚国给人看牛,秦穆公知道了,想方设法请他来当相国;您呢?三番五次地托个小人景监给您介绍。百里奚得到了秦穆公的信任,就推荐别人。百里奚当了六七年相国,连续三次平定晋国的内乱,中原诸侯都非常佩服,西方的小国都来归附;您呢?冤了朋友,夺了西河,只讲武力,不顾信义,谁还能诚心诚意地相信您?百里奚处处替老百姓着想,减轻兵役,不乱用刑罚,叫老百姓能够安居乐业;您呢?把老百姓当做奴隶,采用最严厉的手段管理老百姓。百里奚生活非常俭朴,出去的时候不用马车,夏天在太阳底下走,也

不打伞；您呢？每逢出去的时候，车马几十辆卫兵一大队，前呼后拥，吓得老百姓唯恐躲闪不及。百里奚死后，全国男女老少痛哭流涕，好像死了自己的父亲；您呢？割了太子的师傅公子虔的鼻子，在太师公孙贾脸上刺了字，一天之中杀了七百多人，连渭河的水都变红了。全国人民，哪一个不恨您。说句不中听的话，他们恨不得您早点死呢。别人只知道奉承您，我可真替您担心哪。"

商鞅听了这番话，一句话也没说，叹了口气，说："我竭尽全力为老百姓着想，怎么反倒叫人家都怨恨起来？这是什么道理？"赵良说："我知道您替老百姓着想，可是您的办法很不妥当。您有两个最大的毛病：第一、您只是说服了国君，得到他一个人的信任，可是没有别的人来帮助您；第二、只管替老百姓打算，不管人家愿意不愿意，就推行新法，不许老百姓替自己打算。老百姓就算得到了好处，他们不但不感激您，还都怨恨您。您自以为事事都替老百姓着想，实际上，您的心目中没有任何人。"商鞅打断他的话说："他们知道什么？"赵良说："您以为用不着听从老百姓的意见。老实说吧，自古以来，没有一个国君或是一个大臣单凭着自

第三章　内捷

己的威力，违反老百姓的意志，能够成功的。俗语说，'顺天者昌，逆天者亡'。这句话说得非常正确。违反了老百姓的意志，就是违反天意。违反了天意，就没有不失败的。'天'是什么啊？天没有耳朵，他凭着老百姓的耳朵来听；天没有眼睛，他凭着老百姓的眼睛来看。我看着上上下下的人都怨恨您，就知道天也怨恨您。因此，我非常替您担心。为什么您还不赶快推荐别人来代替您呢？要是您现在能够立刻回头，安分守己地去种地，或许还能够保住您的性命。"商鞅听了赵良这些话，心里头闷闷不乐。可是他哪舍得把大权交给别人？种地也得有福分哪！

周显王三十一年、秦孝公二十四年（公元前338年），秦孝公得了重病。他想把君位传给商鞅，商鞅怎么也不肯接受。秦孝公一死，太子驷即位，就是秦惠文王。他做太子的时候，因为反对新法，被商鞅给定了罪，如今太子当上了国君，公子虔和公孙贾他们就得了势。这一帮人都是商鞅的冤家对头。这样一来，他就找商鞅算账了。秦惠文王就加了个谋叛的罪名，下令逮捕商鞅。

商鞅打扮成一个老百姓，打算跑到别国去。他到了函关天黑下来了，只好上一家客店去住。客店老板要检

鬼谷子

查凭证,商鞅交不出来。老板说:"你这位客人真不明白。商君下过命令,不准我们收留没有凭证的人。如果我收留了你,我就要被砍头了。"商鞅一听,这可真是"哑巴吃黄连"——有苦说不出。

当天晚上,他不能住店,不过他还是想办法混出了函关,连夜逃到魏国。魏惠王恨他当初欺骗了公子印,夺去了西河,正想抓他,好报当年的仇。商鞅这才觉得这么大的天下,容不下他这么一个人。他又跑回商于。秦惠文王立刻发兵围住商于,把商鞅逮住,用最残酷的刑罚把他弄死。有的说,他的身子是叫车马撕开的。有的说,他的脑袋和两只手两只脚上各拴上一匹马,有五个人往五个方向打马,那五匹马分头一跑,商鞅的身子就这么扯成五六块。

一三、得到信任的范雎

范雎和蔡泽是战国时期两个著名的人物,他们都非常有辩才,先后做过秦国的宰相,一时成为众人仰慕的名士。

范雎原是魏国人,在中大夫顺贾家里做宾客,因受

第三章 内揵

到顺贾的猜忌，差一点被他处死。范雎化名张禄逃到秦国，靠着一张能言善辩的嘴巴，得到秦昭王赏识，竟然做了秦国的宰相，掌握了秦国大权，秦王封他为应侯。

蔡泽是燕国人，曾经游说赵国、韩国、魏国，但这些国家都不肯任用他。于是，他找人给自己相面，相面的人嘲弄说："看你的鼻头像蝎子，肩膀盖过脖子，两条腿弯曲得中间能爬过一条狗，从模样上看你一定是圣人呀，圣人总是和常人模样不一样啊！"蔡泽毫不在意，很自信地说："你看吧，将来我会怀抱黄金之印，腰系紫绶玉带，受任于君主之前……"

蔡泽想去秦国，欲能先见到范雎，因为范雎此时正是秦国的宰相。为了让范雎接见他，他提前托人去报告范雎：

"燕国客卿蔡泽，乃当今天才智士，雄奇善辩，如果一旦拜见秦王，恐怕就会替代你的位置当上宰相。"

范雎也是自命不凡的人物，怎么会相信蔡泽的妄言？就决定见他一面。

蔡泽见到范雎后，大谈天下兴亡之变，君臣依附之状，有根有据，有情有理，范雎非常佩服。蔡泽又诚恳地对范雎说：

鬼谷子

"请允许我说一句不敬的话,您现在为秦国已经立下了很大的功劳,官位极尊,又得到秦王宠信,如今正是退隐的好时机。这时退下来,保住了一生的荣耀信誉,不然的话恐怕会遭到灾祸呢!历史上的教训不能不吸取呀,商鞅为秦孝公制定刑法,赏功罚罪,劝民农耕,使秦国无敌于天下。他的功劳是很大的了,可是却遭受车裂而死;白起将军率领几万兵马与邻国交战,先攻楚,后攻赵,长平之战杀敌四十余万,为秦立下了汗马功劳,最终还是被迫自杀;吴起为楚悼王立法,定楚国之政,兵震天下,成服诸侯。后来却被楚王肢解丧命;文种为越王深谋远虑,救活越国,垦荒种地,扶植农桑,使越国强盛起来,终于报仇雪恨了,可是最终还是被越王所杀……这四个人都是因为大功告成之后没有及时告退,才遭到祸患的。也就是人们常说的'成功之下,不可久处'。所以我劝您及早交回相印,退而隐归山川,好好地享享清福。如果你舍不得离开,犹豫下不了决心,往而不能自返,其结果恐怕就与那四个人一样,不堪设想啦……"

蔡泽的一席肺腑之言,让范雎感动万分。范雎回想近几年来,秦昭王总是对自己有不满意的地方,不如早

第三章　内捷

点离开他为好。于是范雎盛情款待了蔡泽，第二天便亲自去拜见秦昭王，对他说："刚刚从燕国来了一位能人，智谋超人，本事出众，古今王业、世俗之变，了如指掌，完全可以辅佐君王处理朝政。我见到的人很多，却没有超过他的。我的能力也不如他了，请君王见他一面就知道了。"

秦昭王见到蔡泽，果然非常喜欢他，立即拜他为客卿。范雎又以自己生病为理由，辞去宰相的职务，于是秦昭王就让蔡泽当了宰相。

范雎和蔡泽为什么能赢得秦王的信任，做了秦国的卿相呢？司马迁在《史记》中为他们写传记时说："他们像跳舞的人有美丽的舞衣、商人有更多的本钱一样，因为他们有一张能言善辩、与众不同的嘴巴！"

一四、逃亡的卢绾

开始时，皇上去邯郸攻打陈豨，燕王卢绾也攻击陈豨军队的东北面。陈豨派王黄到匈奴去求救，卢绾也派他的巨子张胜出使匈奴，说陈豨等的军队都已被打败。张胜到了匈奴那里，前燕王臧荼的儿子臧衍逃亡在匈

奴,见到张胜说:"您所以在燕国受到重视,是因为您熟习匈奴的事情。燕国所以能够长时间的存在,是因为诸侯中反叛了好几个,军事行动接连不断。现在您为燕国的利益急着要灭掉陈豨等,陈豨等人一旦消灭完了,接着也就开始轮到燕国了,您们等人也将成为俘虏了。您为什么不让燕国先不要攻打陈豨,而与匈奴合起手来?事情缓宽以后,得以长期在燕国称王,也就是说,汉朝有着急上火的事,才可以安定燕国。"张胜认为说得对,于是就私自决定让匈奴军队攻击燕国,卢绾怀疑张胜归顺匈奴反叛了,给皇上写了书信请求诛灭张胜家族。张胜返回来报告了情况,全部说出了他那样做的原因。卢绾醒悟过来,于是就用别人偷梁换柱,以解脱张胜的家人,使他能够成为到匈奴的间谍。而且还暗地里派范齐到陈豨所在地。想让他长期作乱,使兵事不断。

汉朝把陈豨杀了后,陈豨手下的军官都投降了,谈到了燕王卢绾派范齐和陈豨通过气,一齐阴谋策划。皇上派使者召唤卢绾,卢绾说自己病了。又派辟阳侯审食其,御史大夫赵尧走迎接卢绾,并就便询问卢绾身边左右的人以验证此事。卢绾越发感到害怕,隐匿踪迹藏了起来,对他宠幸的臣子说:"不是姓刘的而称王的人,只有我和长沙王了。前些年汉朝灭了淮阴侯韩信的族，杀了彭越，都是吕后的计谋。现在皇上有病，一切事都由吕后做主。吕后这个女人，专门想干诛杀不姓刘的王和大功臣的事。"于是就说自己病了不去，他的左右大臣、将领等也都逃跑藏了起来。这些话大部分都张扬出来了，辟阳侯审食其听到了，回来都报告了，皇上越发愤怒。又得一个匈奴方面投降的人，说张胜逃亡在匈奴，是燕国的使臣。于是皇上说："卢绾果然反叛了。"派樊哙攻打卢绾。卢绾把他宫内的嫔妃及自己的家属等，骑兵数千人，居住在长城脚下等待观望情况，正好皇上病体痊愈，自己到皇上那儿认错谢罪。汉高祖辞世后，卢绾随即把他家人及其手下一干人带着逃到了匈奴，匈奴让他当了东胡卢王。因为被其它少数民族侵扰掠夺，常常思念归回燕地。在匈奴那里住了一年多，死在匈奴的土地上。

一五、审时度势的陆贾

陆贾是汉初政坛上一个比较特殊的大臣，他没有高爵显号，不是横刀立马、喋血沙场的武将，也不是运筹

 鬼谷子

帷幄、决胜千里的谋臣,但是他两次出使南越国,使南越终臣服于中原王朝,没有出现分疆裂土的局面;在吕后掌权,诸吕为乱的关键时刻,他为丞相陈平出谋划策,为保汉王朝的稳定立下大功;尤为重要的是,他提出了马上得天下却不能马上治天下的思想,主张"逆取顺守"、"文武并用",对中国历史影响深远。所著《新语》十二篇,总结了秦朝短命而亡的教训,率先提出以道家倡导的"无为而治"思想治国的理念,深得刘邦赏识。他的思想对于稳定汉王朝的社会秩序,发展社会经济起了重要作用。

陆贾原是楚国人,秦末农民大起义期间投靠了刘邦,其人甚有口才,一直跟随刘邦左右,充当外交大使联络诸侯。西汉建国后,在中国的南边出现了一个南越国,这个南越国是怎么来的呢?事情还要追溯到秦王朝时期。秦统一六国后,便向岭南的百越地区进军,意图消灭百越,开疆辟土。由于岭南山高、谷深、水多,而且越人骠勇善战,秦王朝的军队在此陷入了苦战,据说"三年不解甲弛弩"。直到后来开凿灵渠,解决了后勤保障问题,才在秦始皇三十三年(公元前214年)将百越之地全部占领。秦王朝在此设立了桂林、南海、象三

第三章 内捷

郡，桂林郡相当于现在的广西境内，南海郡在今广东境内，象郡则包括了现在广西南部、广东西南以及越南中部。南开百越之后，秦王朝将中原几十万百姓迁移到这一地区，极大地促进了南越经济文化的发展。秦末农民大起义爆发后，岭南三郡由于关山阻隔，断绝了与朝廷的联系。秦王朝设在南海的郡尉任嚣看到秦朝大势已去，在临死之际就让自己的属下、南海县令赵佗继任为南海尉，此即史书上所称的尉佗。赵佗一上任，便把秦王朝设在南海的大小官吏统统杀掉，代之以自己的亲信，并招兵买马，闭关自守，从此彻底断绝了与中原地区的联系。秦王朝灭亡的消息传到南越后，赵佗便自称南越武王，建立了独立的南越国。西汉初年，刘邦忙于恢复社会经济，与异姓诸侯王斗争，还没有精力来对付南越国。刘邦之所以没有除掉长沙王吴芮，就是因为长沙国地处汉王朝与南越国的中间，是汉王朝与南越国的缓冲地带，汉王朝恰好可以利用长沙国阻止南越国的侵犯，看守中原的南大门。直到高帝十一年（公元前196年），刘邦才派陆贾拿着印绶去封赵佗为南越王。陆贾到达之后，"尉佗椎结箕踞见贾。"这句话什么意思呢？椎结，就是让自己的头发披散着，只在中间打一个髻，

鬼谷子

看起来象个锥子。当时中原地区的人都是戴帽子的，只有蛮夷之地才披散着头发。而赵佗本是真定人，真定就是现在的河北正定，是地地道道的中原人，他这一副蛮夷装扮实际上就是在向汉王朝透露一个信息：我赵佗已经与南越同化，不再是中原人，南越也是一个独立的少数民族政权，与汉王朝应该平起平坐。箕踞，就是坐在地上，把两只脚伸到前面，看起来象个簸箕。按照当时中原的礼节，宾主应该跪坐在地，屁股坐在脚后跟上，以示尊重。赵佗面对汉廷使者却这等坐法，其实就是没有把陆贾放在眼里，也是对汉廷的大不敬，他实际上在暗示自己称帝的决心，不准备接受汉王朝的封号。赵佗一上来就给陆贾一个下马威，而此时的陆贾却不动声色，给他还了一个下马威，说你赵佗本是中原人，祖宗亲戚的坟墓都在真定。现在你反天性、弃冠带，将来有何面目去见你地下的祖宗？汉天子五年之内平定天下，并非人力，而是天助。现在汉朝廷见你不派兵反秦，而趁机称王南越，将相大臣都力争派兵来平定南越，天子怜百姓劳苦，没有同意，所以派我来授你封号，你不隆重地接待，北面称臣，反而傲慢无礼，意图分裂，如果被汉廷得知，必定掘了你的祖坟，夷灭你的宗族，然后

第三章 内捷

派十万大军前来平定，到时候你的属下为了活命杀你降汉，真是易如反掌！一席话说得赵佗大惊失色，赶紧正色起席，按照规格接待了陆贾，并承诺："越中无足为南越王，今称臣奉汉约。"陆贾没有动用一兵一卒就使南越成为汉朝的番邦。

南越虽然臣服于汉王朝，但是西汉君臣对其仍然持怀疑和戒备心理。汉高祖死后吕后执政，公元前184年夏五月，有官员上书请求禁止中原的铁器、母马、牛、羊等物运到南越，得到吕后的批准。此举引起了赵佗严重不满，他觉得这是长沙王之计，想吞并南越而王之。于是派人到朝廷请求撤销禁令，吕后非但不准，反而把南越的使者关押起来。赵佗又风闻其在真定的祖坟被掘烧，宗族被杀尽，盛怒之下断绝了与汉朝的往来，自称尊号为南越武帝，并发兵攻打长沙国的边邑，破数县而去。吕后派将军隆虑侯周灶前去镇压，恰逢暑天，岭南大雨，道路泥泞湿滑，而且士兵不服水土，感染瘴疫，致使全军一年也没有过五岭。不久，吕后驾崩，汉廷遂收兵作罢。赵佗称制，并收服闽粤、骆越、西瓯等少数民族地区，与汉王朝分庭抗礼。

汉文帝即位后，对边境四夷采取了安抚政策，他为

鬼谷子

赵佗在真定的祖坟置守邑，每年按时奉祀；又把赵佗的兄弟子侄"尊官厚禄宠之"。汉文帝问丞相陈平谁能出使南越，陈平推荐陆贾出山。文帝于是派陆贾再度出使南越，令赵佗去帝号称臣。《汉书·西南夷两粤朝鲜传》记载："陆贾至，南粤王恐，乃顿首谢，愿奉明诏，长为藩臣，奉贡职。"南越王见了陆贾犹如见到了知己，用现在的话说，就是眼泪哗哗的，满肚的委屈终于有人能一吐衷肠了。此时已不用陆贾再多说什么了，南越国再次去帝号称臣，一直到公元前111年，汉武帝平定南越，将其纳入汉王朝的版图。

汉初南越国与汉王朝的关系始终与陆贾的名字紧紧联系在了一起，陆贾依靠强大的汉王朝做后盾，两次出使南越，两次将有离心倾向的南越国收归到中原王朝的统辖之下，为维护中国疆域的统一起了重要作用。

一六、有城府的杨约

杨约是杨素同母弟，小时候爬到树上掉下来摔伤了生殖器，便入宫做了宦官。他极有城府，性情狡诈，记性很好，又勤于学习。杨素很喜欢他，不管什么事，都

第三章　内揵

先与他商量。北周末年，因为杨素屡立军功，荫封安成县公，拜上仪同三司，隋文帝即位，历任长秋卿，邯州刺史，宗正和大理二少卿。

当时皇太子杨勇不为文帝所喜，晋王杨广准备夺取皇太子之位，他想起杨素深得文帝宠信，而杨素又事事听杨约的，便和张衡密谋，派宇文述携带大量金银珠宝贿赂杨约，向他说明了杨广的险恶用心："为人巨子，当然应该坚持基本的原则，维护正统，但真正通达明理的人也未尝不可以做一些不合常理的事。从古到今，那些贤人君子无不顺应时势的变化、以趋利避祸。您兄弟二人功名盖世，把持朝政已有多年，这些年中，有多少王公大臣受到过您们家族的侮辱？现在的皇太子把他的不得志也归罪于您们，对您们恨得咬牙切齿。您虽然深得皇上信任，但想加害于您的人也所在多有。皇上一旦驾崩，谁还能庇护您呢？您也知道，现在皇后不怎么喜欢皇太子，皇上也早有废黜他的意思。只要您的兄长说一声，晋王就可被立为太子。如果果真能在这件事上出了力，晋王肯定会对令兄的扶持之功刻骨铭心，永志不忘，这样，您们既可以避免巨大的灾祸，还建功立业，使自己永保平安。"杨约点头称是，便转告了杨素，杨

素本来就为人险恶残酷,听罢大喜:"要让我自己,还真想不到这点,亏得你提醒了我。"杨约看出杨素动心了,便又说:"现在皇上对皇后的话,是言听计从,应找个机会,与皇后拉关系,可以永保荣华福贵,使子孙永远享用。晋王杨广礼贤下士,声望很高,美名远扬,有王者风度、气概,我觉得他能使天下太平。您如果稍有迟疑,皇上一死,皇太子继位,那时节一我们可就大祸临头了。"杨素果然听信了这话,勾结皇后,迫文帝废太子杨勇为庶人,另立晋王杨广为太子。

一七、袁盎的心机

袁盎在汉文帝时,深得信任,所言皆听,但到汉景帝时,却被查办,降为庶人。而在文帝时默默无闻的晁错曾数十次上书也不被采纳,到景帝时,因与之密切,却官运亨通,青云直上,权倾九卿,不可一世。真可谓一朝天子一朝臣。晁错削藩,目的是为了加强中央集权,巩固刘氏王朝的统治。但在吴楚叛乱的危急时刻,景帝却亲自下令将其杀死,由此可见统治者的残忍无情。司马迁在《袁盎晁错列传》中对此都有细致的描写

第三章　内揵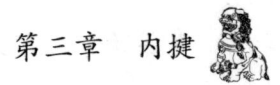

和深刻的反映。

袁盎为人敢言直谏，有较浓厚的儒家思想，他强调等级名分，要求人们都按"礼"的规定行事，不能有僭越行为。文章中所写袁盎与皇帝、后妃、丞相、诸侯王的几件事情，都是围绕着这一中心来选材的，通过对这些典型事件的精细刻划，把袁盎的性格特征较鲜明地突现了出来。与袁盎不同，晁错受法家思想影响极深，要求依法行事，为此他不顾大臣们的反对，对法令多次更正修改；他主张加强中央集权，削减诸侯王的势力，为此他不仅置大臣们的反对于不顾，连父亲的劝说也拒绝了。

袁盎是楚地人，字丝。他的父亲从前曾经与强盗为伍，后来搬迁定居在安陵。吕后时期，袁盎曾经当过吕后侄吕禄的家臣。等到汉文帝登上了皇帝位，袁盎的哥哥袁哙保举他做了中郎的官。

绛侯周勃担任丞相，朝觐之后，便急急忙忙地走出朝廷，很是踌躇满志。皇上对他非常恭敬，常常亲自送他。袁盎进谏说："陛下以为丞相绛侯是什么样的人？"皇上说："他是国家的重臣。"袁盎说："绛侯是通常所说的功臣，并不是国家的重臣。国家的重臣能与皇上生

死与共。当年吕后的时候,诸吕掌权,擅自争相为王,以致使刘家的天下就像丝带一样的细微,几乎快要断绝。在这个时候,绛侯周勃当太尉,掌握兵权,不能匡正挽救。吕后逝世,大臣们一起共同反对诸吕,太尉掌握兵权,又恰好遇到那个成功的机会,所以他是通常所说的功臣,而不是国家的重臣。丞相如果对皇上表现出骄傲的神色,而陛下却谦虚退让,臣下与主上都违背了礼节,我私下认为陛下不应该采取这种态度。"以后在上朝的时候,皇上逐渐威严起来,丞相也逐渐敬畏起来。过了不久,丞相怨恨袁盎说:"我与你的兄长袁哙有交情,现在你小子却在朝廷上毁谤我!"袁盎也不向他谢罪。

等到绛侯被免除了丞相的职位,回到自己的封国,封国中有人上书告发他谋反,于是绛侯被召进京,囚禁在监狱中。皇族中的一些公侯都不敢替他说话,只有袁盎证明绛侯无罪。绛侯得以被释放,袁盎出了不少力。绛侯于是与袁盎倾心结交。

淮南王刘长来京朝见的时候,杀死了辟阳侯,他平时待人处事也相当骄横。袁盎劝谏皇上说:"诸侯过去骄横必然会发生祸患,可以适当地削减他们的封地。"

第三章 内捷

皇上没有采纳他的意见,淮南王更加骄横。等到棘蒲侯柴武太子准备造反的事被发觉,追查治罪,这件事牵连到了淮南王,淮南王被征召,皇上便将他贬谪到蜀地去,用囚车传送。袁盎当时担任中郎将,便劝谏说:"陛下向来娇纵淮南王,不稍稍加以限制,以至落到了现在这种地步,如今又突然摧折他。淮南王为人刚直,万一在路上遇到风寒而死在半途中,陛下就会被认为以天下之大却容不得他,而背上杀死弟弟的恶名,到时怎么办呢?"皇上不听,终于那样办了。

淮南王到了雍地就病死了,这个消息传来,皇上不吃也不喝,哭得很悲哀。袁盎进入,叩头请罪。皇上说:"因为没有采用你的意见,所以才落得这样。"袁盎说:"皇上请自我宽心,这已经是过去的事了,难道还可以追悔吗!再说陛下有三种高出世人的行为,这件事不足以毁坏您的名声。"皇上说:"我高于世人的行为是哪三种?"袁盎说:"陛下住在代国的时候,太后曾经患病,三年的时间,陛下不曾合眼,也不脱下衣服睡觉,凡汤药不是陛下亲口所尝过的,就不准进奉给太后。曾参作为贫民尚且难以做到这样,现在陛下作为君主却实行了,比起曾参的孝来那是超过得很多了。诸吕当权

鬼谷子

时,大臣独断专行,而陛下从代地乘坐六辆下等马拉的车子,奔驰到祸福难料的京城来,即使是孟贲、夏育那样的勇士,也比不上陛下。陛下到达代国在京城的客馆,面向西两次辞让天子位,面向南坐着有三次辞让天子位。许由辞让天下也只是一次,而陛下五次将天下辞让,超过许由四次之多啊。再说陛下贬谪淮南王,是想让他的心志受些劳苦,使他改正过错,由于官吏护卫得不谨慎,所以他才病死。"于是皇上才感到宽解,说道:"那以后怎么办呢?"袁盎说:"淮南王有三个儿子,随您安排罢了。"于是文帝便把淮南王的三个儿子都封为王。而袁盎也因此在朝廷中名声大振。

袁盎常常称引些有关大局的道理,说得慷慨激昂。宦官赵同因为不只一次地受到皇上的宠幸,常常暗中伤害袁盎,袁盎为此感到忧虑。袁盎的侄儿袁种担任侍从骑士,手持符节护卫在皇帝左右。袁种劝说袁盎说:"你和他相斗,在朝廷上侮辱他,使他所毁谤的话不起作用。"汉文帝出巡,赵同陪同乘车,袁盎伏在车前,说道:"我听说陪同天子共乘高大车舆的人,都是天下的英雄豪杰。如今汉王朝虽然缺乏人才,陛下为什么单单要和受过刀锯切割的人同坐一辆车呢!"于是皇上笑

第三章 内捷

着让赵同下去，赵同流着眼泪下了车。

文帝从霸陵上山，打算从西边的陡坡奔驰而下。袁盎骑着马，紧靠着皇帝的车子，还拉着马缰绳。皇上说："将军害怕了吗？"袁盎说："我听说家有千金的人就坐时不靠近屋檐边，家有百金财富的人站的时候不倚在楼台的栏杆上，英明的君主不去冒险而心存侥幸心理。现在陛下放纵驾车的六匹马，从高坡上奔驰下来，假如有马匹受惊车辆毁坏的事，陛下纵然看轻自己，怎么对得起高祖和太后呢？"皇上这才中止。

皇上驾临上林苑，窦皇后、慎夫人跟从。她们在宫中的时候，慎夫人常常是同席而坐。这次，等到就坐的时候，郎署长布置坐席，袁盎把慎夫人的坐席向后拉退了一些。慎夫人生气，不肯就坐。皇上也发怒，站起身来，回到宫中。袁盎就上前劝说道："我听说尊贵和卑下有区别，那样上下才能和睦。如今陛下既然已经确定了皇后，慎夫人只不过是个妾，妾和主上怎么可以同席而坐呢！这样恰恰失去了尊卑的分别了。再说陛下宠爱她，就厚厚地赏赐她。陛下以为是为了慎夫人，其实恰好成了祸害她的根由。陛下难道没有看见过'人彘'吗？"皇上这才高兴，召来慎夫人，把袁盎的话告诉了

鬼谷子

她。慎夫人赐给袁盎黄金五十斤。

但是袁盎也因为多次直言劝谏,不能长久地留在朝廷,被调任陇西都尉。他对士兵们仁慈爱护,士兵们都争相为他效死。之后,提升为齐相。又调动担任吴相。在辞别起程的时候,袁种对袁盎说:"吴王骄横的时间已经很长了,国中有许多奸诈之人。现在如果你要揭发惩办他们的罪行,他们不是上书控告你,就是用利剑把你刺死。南方地势低洼潮湿,你最好每天喝酒,不要管什么事,时常劝说吴王不要反叛就是了。像这样你就可能侥幸摆脱祸患。"袁盎采纳了袁种的策略,吴王厚待袁盎。

袁盎请假回家的时候,路上碰到丞相申屠嘉,便下车行礼拜见,丞相只从车上表示谢意,袁盎回到家里,在下属官吏面前感到羞愧,于是到丞相府上,要求拜见丞相。丞相过了很长时间才出来见他,袁盎便下跪说:"希望别人回避,单独会见。"丞相说:"如果你所说的是公事,请到官署与长史掾吏商议,我将把你的意见报告上去;如果是私事,我不接受私下的谈话。"袁盎就跪着劝说道:"你当丞相,请自我权衡一下,与陈平、绛侯相比你怎么样?"丞相说:"我比不上他们。"袁盎

第三章　内揵

说:"好,你自己都说比不上他们。陈平、绛侯辅佐保护高祖,平定天下,当了将相,诛杀诸吕,保全了刘氏天下;您只是脚踏弓弩,才当了低级武士,又提升为队长,积累功劳做到了淮阳郡守,并没有出什么奇计,在攻城夺地、野外厮杀中立下战功。再说陛下从代地来,每次上朝,郎官呈上奏书,他从来没有不停下车来听取他们的意见,意见不能采用的,就搁置一边,可以接受的,就采纳,从来没有人不称道赞许。这是为了什么呢?是想用这种办法来招致天下贤能的士大夫。皇上每天听到自己从前所没听过的事情,明白以前所不曾明白的道理,一天比一天更加英明智慧;您现在自己封闭天下人的口,而一天天更加愚昧。以圣明的君主来督责愚昧的丞相,你遭受祸患的日子为期不远了啊!"丞相于是拜了两拜,说道:"我是个粗鄙庸俗的人,就是不聪明,幸蒙将军教诲。"申屠嘉引袁盎入内室同坐,把他作为上宾。

　　袁盎向来不喜欢晁错,只要有晁错在的地方,袁盎就离去;只要有袁盎在的地方,晁错也就离开。两个人从来没有在一起谈过话。等到汉文帝去世,汉景帝继位,晁错当上了御史大夫,派官吏查核袁盎接收吴王刘

 鬼谷子

濦财物的事,要按罪行的轻重给予惩罚。皇帝下诏令赦免袁盎为平民。

一八、含冤而死的胡建

胡建字子孟,西汉时期河东郡人氏,出身于贫寒人家。那时候,贵戚子弟要做官,一般是从"郎"开始,做皇帝的侍卫,有一定资历后,再提拔做大官;贫寒人家的子弟,如果有一定才能,一般是从"吏"开始,在郡县当个小办事员,渐渐地培养名望,以期升迁。而做"吏",也需要有一定的人际关系才成。

胡建青年时期,谋到一份"军正丞"的工作。因为卫青、霍去病等名将都出身河东,河东郡的关系网,和军队比较密切。胡建不知是托了哪个熟人,才能到军队担任最下层的小吏。

军队的生活很清苦,车马等生活用具,可能都要自备,国家并不负担。胡建家里贫穷,买不起车马,只好和普通士兵们一起步行,连生活起居,都和士兵们同甘共苦。时间长了,他在军中,就结交了一批穷朋友。

军队里头,贫富不均,贵贱不等。当大官的,每每

第三章 内捷

胡作非为,有很多腐败现象。比如监军御史,他就在军中做起了买卖,牟取暴利。这还不算,为了方便自己卖东西,他竟把北军的营垒,穿凿了一个大洞,开设专门的小商品集散市场。

军队的营垒,都是高墙厚壁,是重要的防御设施,其意义是不言自明的。监军御史把墙穿了个洞,那就算严重的犯罪行为了。军中的将校,乃至专门负责军纪的"军正",对此都是不闻不问,或者是敢怒不敢言。

作为下层军官的胡建,却忍不住了,他策划了一次突袭行动。他先和自己那帮穷朋友商量:"我要执行军法,杀个人,你们愿不愿意帮忙?"这帮穷朋友早就恨透了腐败的军官,只要胡建肯承担责任,他们当然愿意帮忙。

胡建又说:"那咱们约定好,我说抓谁,你们就动手抓谁;我说杀谁,你们立即杀谁。不要耽搁了。"大家悄悄地商量好了。胡建有勇,也有谋,他并不蛮干,事先研究了一下军法,写好一封奏章,装在身上。等到全军操练,选拔士马时,监军御史和其他将校,和平时一样,都昂然列坐在高堂上。

胡建带着自己的好弟兄们,到堂前参见将军。参见

完了,趁势走上高堂。胡建拿手一指监军御史,喝道:"拿下!"士兵们立即动手,把御史扯下堂来。将军们还没明白怎么回事,胡建又喝道:"斩首!"士兵们手起刀落,御史大人就一命呜呼了。

小小的军正丞,不经请示,不经审讯,就斩杀了皇帝任命的监军御史,这可算是一场塌天大祸。

将军们正要下令拿下胡建,胡建却不慌不忙地从怀中掏出奏章,高声喊叫:"我要上奏陛下!"

这样一喊,将军们也不敢抓胡建了,立即派人把奏章送进宫中,并向汉武帝汇报军中发生的事情。胡建的奏章写得很精彩,全文如下:

"臣闻军法,立武以威众,诛恶以禁邪。今监御史公穿军垣以求贾利,私买卖以与士市,不立刚毅之心,勇猛之节,亡以帅先士大夫,尤失理不公。用文吏议,不至重法。《黄帝李法》曰:'壁垒已定,穿窬不由路,是谓奸人,奸人者杀。'臣谨按军法曰:'正亡属将军,将军有罪以闻,二千石以下行法焉。'丞于用法疑,执事不诿上,臣谨以斩,昧死以闻。"

汉武帝读了这封严谨而精彩的奏章,估计实在找不出什么问题,就下诏鼓励胡建,承认胡建做得对。因为

第三章 内捷

这件事，胡建一下子出名了。

汉武帝老了，对胡建这个人才，没有来得及提拔重用。后来，胡建调任渭城县令，执政有方，深得百姓爱戴。

汉昭帝年间，渭城附近发生了一起特殊的杀人案。长公主的姘夫丁外人，与退休的京兆尹樊福有仇，就派刺客射杀了樊福。刺客逃回长公主的一处宅院里隐藏，吏卒惧怕长公主的权势，不敢上门抓捕。

胡建听说后，就亲自带领全县吏卒，包围那所宅院，要求交出刺客。

长公主、丁外人，与汉昭帝皇后的父亲上官安，在政治上是一党，关系密切。他们听说此事后，就联合起来，带领大量的奴仆，拿着弓箭，赶过去乱射一气。胡建和吏卒们一看形势不对，就立即撤退了。长公主呢，还不依不饶，派人逼迫胡建，说渭城县的吏卒射伤了长公主的家奴，必须治罪。

胡建当然不肯办理，长公主就上书皇帝，历数胡建的罪状，说胡建欺辱长公主，射坏了长公主的大门，手下吏卒伤害了长公主的家奴，胡建又包庇部下，不肯治罪。

当时，汉昭帝年幼，由大将军霍光、左将军上官桀等人辅政。霍光与上官桀一派，存在着政治矛盾。霍光看了长公主的奏章，便置之不理。过了几天，霍光生病不能入朝办事，上官桀代理政务，他是上官安的父亲，和长公主是一派，就下令逮捕胡建。胡建不肯受辱，就自杀了。

不久，上官桀一派与霍光的政治矛盾激化，全部被霍光治罪处死，长公主也自杀了。

公道自在人心，渭城百姓知道胡县令是被贵戚逼死的，非常冤屈，就为胡建修建了祠堂，时时祭祀纪念。

一九、曹操的良臣杜畿

杜畿字伯侯，是东汉末年京兆杜陵人（今陕西省境内）。时值东汉末年，朝里宦官、外戚交替专权，朝政黑暗，民生凋敝，激发出一场著名的黄巾起义，起义平息之后，又是董卓乱政，军阀混战，天下就大乱了。

作为下级官员的杜畿，对此无能为力，只好明哲保身，弃官逃命。带着年迈的后娘，到相对安定的荆州去做难民。在荆州过了几年，后娘去世了，中原也相对稳

第三章 内捷

定了,孝顺的杜畿于是带着后娘的灵柩返回故乡京兆。在回乡的途中,发生了一件惊险而有趣的事情,从中可以观察到杜畿的胆略。

杜畿是和许多老乡结伴而行的,路上遇见强盗,同伴们都吓跑了。杜畿带着棺木,没法跑,干脆就站着不动。强盗们一看,还真有不怕死的,就张弓搭箭,要射杀杜畿。

杜畿冲着强盗们拱拱手,很客气地说:"各位好汉,你们拦路抢劫,不就是为了发财吗?我身边又没有钱,只带了一具棺木,你们射我有什么意思?"强盗们一想,白白杀个人,确实没有意义,就放过了杜畿。

杜畿回乡后,他的朋友、河东人张时,正担任着京兆尹,就聘他继续担任功曹。朋友照顾,固然是好事,但好朋友变成上下级关系,也自有难以相处的时候。张时对杜畿不太满意,认为他阔达疏诞,不负责任,干不好功曹这个职务。杜畿呢,不好公开顶嘴,只好在私下里发牢骚:"我做不好这个功曹,但我到你老家河东当个太守,是能胜任的。"

杜畿在张时手下干不出味道,干脆又弃了官,跑到京城许都,再寻找做官的机会。他结交了侍中耿纪,晚

上就跑到耿纪家里聊天,谈论时事,经常谈到天亮。而且,谈论时声音宏亮,隔壁人家都能听见。

隔壁住的是谁呢?曹操的心腹谋臣、著名的荀彧!这荀彧也不好好睡觉,杜畿一谈论,他就在隔壁支着耳朵听。听了几次,他了解到杜畿的才能,就派人找到耿纪,质问道:"有国士而不进,何以居位?"耿纪就把杜畿介绍给荀彧,荀彧和杜畿谈了几次,双方处得像老朋友一样。于是,荀彧把杜畿推荐给了曹操,曹操惟才是举,正是用人之际,任命杜畿为司空司直。司直的级别是"比二千石",相当于"副太守"了,主要的任务是辅佐丞相,搞监察工作,检举那些违法乱纪的官员。曹操当时担任司空,相当于丞相。司空司直,就等于是曹操身边的亲信了。过了不久,曹操给杜畿任命了重要的官职,"护羌校尉,使持节,领西平太守"。

河东郡没有经历太严重的战乱,早早地安定下来,人口、财产损失都不大。杜畿便开始行使其太守的权力,带领百姓恢复生产。

杜畿的为政之道,结合了儒、道两家的特点,既宽惠爱民,又清静无为。就以诉讼来说,他秉承孔子"必也无讼乎"的观念,尽量地为百姓讲道理,做说服和调

第三章　内揵

解工作，不厌其烦，劝涉讼的百姓回家反思，寻求解决之道。如果不能服气，可以再到官府，听太守讲道理。这样，就激发了百姓的良知，父老们都自责道："有这样爱民的好太守，我们为什么不听他的教诲呢？"于是，百姓之间的纠纷、诉讼越来越少，社会也安定了。

杜畿经常到下属各县巡视，发现有孝子、贞妇、顺孙，就下令免除他们的徭役，鼓励他们好好劳动，好好生活。在农业生产方面，杜畿督促百姓，努力耕织，多养牛马。就连养鸡养猪养狗这些小事，杜畿都非常关心，定有章程。河东郡的经济，很快就搞上去了，百姓们辛勤务农，丰衣足食，官府也积蓄了大量的粮草。

解决了吃饭问题，杜畿又开始提倡教育。因为处在乱世，军事不可不讲，他就在冬天农闲时，召集青壮年男子搞军训。另外又开设学校，亲自担任教授，传授儒家经典，在全郡形成了浓厚的文化氛围，社会风气有了很大的转变。

河东有一位名儒叫乐详，曾经协助杜畿搞教育。后来，杜畿把乐详推荐到朝廷，担任博士。许多年后，河东郡的儒士特别多，人们认为，这都是杜畿教化的结果。

 鬼谷子

关西的韩遂、马超作乱时，附近的弘农、冯翊各郡县，都有归附行为。而河东郡与韩遂马超的地盘相邻，百姓却没有异心，仍然安居乐业。曹操驻军蒲坂，与敌军相持多日，军粮全由河东一郡供应。等曹操削平叛乱，得胜班师时，河东郡积蓄的粮食还剩余二十多万斛。

曹操非常激动，下令表彰杜畿："河东太守杜畿，孔子所谓'禹，吾无间然矣'。增秩中二千石。"

曹操征汉中张鲁时，从河东调发五千名民夫运粮，民夫在路上自相劝勉："人生有一死，不可负我府君！"在千里运粮，艰苦转战中，五千名民夫没有一人逃亡。

后来，曹操表彰道："昔萧何定关中，寇恂平河内，卿有其功，间将授卿以纳言之职；顾念河东吾股肱郡，充实之所，足以制天下，故且烦卿卧镇之。"

二〇、陆俟单骑平叛乱

公元446年（北魏太武帝太平真君七年）扑灭盖吴起义，陆俟立了大功，拓跋焘也很高兴，把他召回平城，给他加官进爵。陆俟出身拓跋氏的鲜卑旧部，祖上

第三章　内捷

就一直追随北魏首领征讨诸侯，屡立战功。"陆"这个姓氏，是半个世纪后魏孝文帝迁都改制的时候改的汉姓，也就是说，在拓跋焘的时代，陆俟可不是姓陆的，而是姓步六孤，也作步鹿孤，在鲜卑内部属于大姓，它在鲜卑八姓中排名第二，地位相当高。

拓跋焘北征柔然，西讨北凉，都不忘了把陆俟带在身边。陆俟其貌不扬，五短身材，在军中却颇有威信，拓跋焘让他负责都督辎重，每次都能很好地完成任务。盖吴起义中，陆俟的职位是都督秦、雍两州诸军事，镇守长安。他的长处是有头脑，有手段，政治敏感度高，常能准确预言形势，让人不服不行。拓跋焘曾夸他："卿身乃短，虑何长也。"就是说别看你长得不高，考虑问题却颇为长远啊。

盖吴失败后，另外的一支卢水胡人在安定叛乱，首领叫作刘超，叛军数以万计。拓跋焘吸取了对付盖吴的教训，不立即派兵去镇压，而是下诏让陆俟想办法。拓跋焘说："秦川之地极为险要，并入我国还没多少年，那里的官民还没有享受到足够的恩泽，所以呢，这几年来叛乱暴动屡屡发生。现在这个刘超又凭借地利关险，不顺从王命，很让人头疼。朕若给爱卿重兵，则刘超等

叛军必然合兵一处,据险对抗,未必容易攻下来;如若给爱卿轻兵呢,又恐怕制服不了他们。我看,也不用给兵了,爱卿以谋略来平定这帮子反贼,相机行事。"于是再次加封陆俟为都督秦、雍诸军事,出镇长安,对付刘超。

拓跋焘这个皇帝,虽崇尚武力,却也并不忽视用其他方式不战而屈人之兵。在战场上他喜欢出奇出巧,而不仅仅依靠人多势重去征服敌人;在战场之外,他也更懂得攻心为上,攻城为下,消灭敌人的军事力量或许重要,但消灭敌人的反抗意志,并得到更多的民心,则更为关键。比如对付柔然时,采用军事行动予以消灭自是主要方针,同时他又拉拢联合与柔然矛盾极深,又受到柔然奴役的高车各部的力量,结果在与柔然的连年战争中,越打越强,骑兵队伍也越来越壮大。

拓跋焘的这份诏令既反映了他的治乱方针,也反映了他对于陆俟这个老部下的无比信任。试想没有对一个人的胆识智略的充分了解,是怎么也不可能写出拓跋焘那样一席话语的。

陆俟明白拓跋焘的心思,追随皇帝多年,只需一个信号,便可心领神会。刘超的上万叛军刚刚树起大旗,

第三章 内捷

又有地利之便，正是最为狂妄强盛之时，这时候上去硬碰硬，保不准就做了"拓跋纥第二"，刘超也完全可能闹得比盖吴还大。所以陆俟也不张扬，自己一个人骑一匹马，就去长安上任。

刘超军中探马来报，说朝廷派这个陆俟来，也不带兵，也不打仗，看起来是不会有什么大作为了。刘超心想强龙还压不过地头蛇呢，不把陆俟放在眼里。

陆俟一到长安，便四处张贴告示，宣扬朝廷的宽大政策：对于反叛势力，只要与朝廷合作，不捣乱，一律既往不咎，还可以做官。为了表明诚意，陆俟又派人到刘超营中，向刘超提出娶他女儿为妻，结为姻亲。

有这样的好处，刘超自然不会放弃，但他仍然十分警觉，没有投降的意思。陆俟修书一封，向刘超提出，愿带帐下兵士，前往拜见刘超，共商两家之好。刘超那边很快就回信说："你要来就来，带的人若超过三百名，我就以弓马相迎；带的人若不足三百名，我就以酒食相待。"字里行间透出地头蛇的杀气：你要人多，咱们就直接兵戎相见，谅你人再多也多不过我的上万兵马；你要是人少，我就观望一下，要是不老实，同样可以给你搞个鸿门宴，教你有来无回——这买卖看起来只赚

鬼谷子

不赔。

陆俟是个聪明人,他之所以要去见刘超,目的有二,一是向刘超示弱,使其放松警惕;二是到刘超营中探看虚实,以确定将来的行动计划。刘超既然说得这么明白,他也就不含糊,带上两百名兵士,前往探营。

刘超听说陆俟和他的手下果然来了,而且人数稀稀拉拉的,对自己构不成威胁,便命人摆下酒席伺候,同时也不放松警惕,身边将士大多穿戴刀甲,严加防备。陆俟见了刘超,两边寒暄一通,陆俟也大致看穿了刘超的架势。酒席间,陆俟不说大义之辞,只与刘超觥筹相错,杯酒言欢,喝得酩酊大醉,一个劲地喊着过瘾。刘超等人见此情景,以为陆俟真和他们一条心呢,早没了杀意。酒席散尽,陆俟竟然要由手下将士们扶着,才回得了长安。

回到长安,酒也醒了,陆俟立时换了一个人(呵呵,也不知是真醉假醉,反正聪明人总能在该清醒的时候清醒,在该沉醉的时候沉醉,愚蠢的人则正好相反,总是在该沉醉的时候清醒,在该清醒的时候沉醉)。他对部下说:"我们可以搞定刘超啦。"他在长安城里的守兵中秘密挑选了五百名精壮之士,组织他们严格训练,

第三章 内捷

并给他们做思想工作,说国家的恩情多么多么高,你们呢,只要奋勇争先,拼死杀敌,将来必能光宗耀祖,封妻荫子,荣华富贵享用不尽。这些确是实话,北魏初期尚武,统治者对于立了军功的将军士兵,给予的待遇非常高。士兵们受了激励,纷纷对陆俟说:"咱们这些人到死都跟着陆公,决无二心!"

陆俟看思想工作做得差不多了,战斗力也提升上去了,就带上这些士兵,以出猎为名,去见刘超,出发时说得清楚:"今天咱们要找机会除掉刘超,诸位但等我与刘超会面,席间以酒醉为号,便一齐下手。"士兵们各自领命。

刘超听说陆俟打猎顺路来见他,以为又找他叙旧呢(你还真以为你是个人物呢,看一眼也就明白你的底细了),便让人再次摆下酒席,招待陆俟。这回陆俟虽有五百名随从,刘超鉴于上一次的经历,不再小心设备。

陆俟的表现与前一次无异,也是相见甚欢,说些哥俩好的话,拼命地喝酒,刘超就陪着喝。喝着喝着,陆俟就有了几分醉意。左右上前搀扶,陆俟却执意不肯,一个人摇摇晃晃地,要上马出营。刘超不知底细,赶忙到马前送他。陆俟翻身上马,脸色突变,对着刘超大喝

 鬼谷子

一声,从腰间拔出佩刀,手起刀落,将刘超人头砍下。兵士们早已会意,各自拔出武器,高呼猛进,击杀刘超的部下。刘超营中一时大乱,哪里抵挡得住这五百精兵,死伤数千人,剩下的举手投降,刘超的叛乱就此平息。

拓跋焘大喜过望,再次把陆俟调回京都平城,升他的官。陆俟单马镇长安,终于不辱使命,表现得有胆有识,以最小的代价平定了潜在的大乱,《魏书》评价他只用八个字:"威略智器有过人者",一个字都没有说错。此后北方的各地胡人虽还有零星叛乱,但已难成气候,拓跋焘进一步巩固了他河东、关中、凉州等地的统治。

二一、毛笔先生怀才不遇

毛笔先生博闻强记,机敏灵活。从结绳记事的上古时代到秦氏王朝的历代史事,他没有一件不予记载。诸如阴阳、卜筮、相术、医药、姓族、山河地理、字书图画、九流百家、天道人事,以及佛教道家、国外传闻,他都无所不知、无所不晓。除此之外,他还精通当今的

第三章 内捷

事务，凡官府文书、店栈账簿，都听凭人们使用。上自秦始皇帝、太子扶苏、世子胡亥、丞相李斯、中车府令赵高，下至平民百姓，都非常看重他。毛笔先生还善于随附人的意愿，不管正直、奸邪、圆滑、笨拙的人，全都听凭使唤。有时虽被废弃，也默不作声。但他唯独不喜欢舞枪弄棒的武士，如果邀请，也愿意前往。

毛笔先生后来升官做了中书令，与皇上更加亲近，皇上曾亲昵地称他为中书君。皇上每天都要亲自处理许多奏章，即使宫人都不准站立左右，而唯有毛笔先生和蜡台先生经常在旁边侍候，直到皇上休息为止。

毛笔先生和绛州墨、弘农砚、会稽纸关系非常好，彼此推心置腹，形影不离。毛笔先生和他的三位好友，有时不等皇帝诏令，就直接入宫，皇上也从不怪罪他们。

后来有一次皇上召见毛笔先生，准备任用他，轻轻一拂，毛笔先生脱帽谢恩。皇上见他发疏头秃，所书写的字画也不称心如意，便取笑说："中书君，您年老头秃，已经不胜任了！从前我曾称您中书，而您现在却不中书了！"毛笔先生回答说："我算得上是尽心竭力的臣子啊！"但从此以后皇上便不再召用他了。

毛笔先生只好回到自己的封地，老死在笔管里了。

 鬼谷子

二二、阴险的尚结赞

吐蕃丞相尚结赞很有狡诈阴谋，尤其不喜欢李晟，于是相互议论说："唐朝的名将，只有李晟与马燧、浑瑊罢了。不除去他们三人，必定是我们的担忧。"于是实行反间计，派遣使臣利用马燧来请求讲和，既然讲和，随即请求结盟，又凭借结盟来俘虏浑瑊，借此出卖马隧。贞元二年九月，吐蕃使用尚结赞的计谋，就大举出兵进入陇州，抵达凤翔，没有虏掠什么，而且说："召请我们来，为什么不拿牛酒来犒劳？"于是慢慢带兵离开，是用此计离间李晟这场战役中，李晟起先命令行将王佖挑选精锐士兵三千人，在汧阳设下埋伏，告诫他说："吐蕃的军队经过城下，不要攻打他们的首尾，首尾即使被打败，他们的中军力量存在，如果合力攻打你们，必定受到危害。只要等到他们的前军已经过去，看见五方旗、武豹衣，就是他们的中军了，突然出其不意，可以建立奇功。"

王佖遵照李晟的谋划，果然遇到尚结赞。等到出军奋力攻击，敌军都纷纷溃散，王佖的军队不认识尚结赞，因

而尚结赞仅仅得以逃脱。十月,李晟出军袭击吐蕃的摧沙堡,攻下了它,斩杀了该堡堡使扈出律悉蒙等人,从此尚结赞几次派遣使臣请求讲和。十二月,李晟到京师朝见,奏议说:"戎狄没有信誉,不能允许。"宰相韩滉又支持李晟的议论,请求调拨军粮来供给李晟,命令将领攻击吐蕃。皇上正当厌恶战争,怀疑将帅挑起战事来请功。恰逢韩滉去世,张延赏掌管政事,与李晟有矛盾,屡次在皇上面前离间李晟,说不能长久让他掌管军队。

张延赏想重用刘玄佐、李抱真,把西北边事委托给他们,使他们建立功勋来压制李晟,德宗竟然听从了延赏的话,罢免了李晟的兵权。三年三月,册封李晟为太尉、中书令,以奉朝请参加朝会罢了。这年间五月;浑瑊与尚结赞在平凉共同结盟,果然被吐蕃的军队劫持,浑瑊一人骑马逃脱,将领都被陷害。六月,罢免河东节度使马燧为司徒,这样全部中了尚结赞的计谋。

二三、唐顺宗的宠臣

王叔文,生于唐玄宗天宝十二年,卒于唐宪宗元和元年,越州山阴人。为人机智多计,明治国之道,柳宗

 鬼谷子

元称他坚明直亮,有文武谋略。他还下得一手好棋,这大概与他胸怀谋略有关。约在德宗贞元三年(787年),德宗因他读书明道,棋下得好。命他到东宫侍奉太子。太子叫李诵,是德宗的长子,建中元年(780年)正月立为皇太子。王叔文"待诏禁中,一共十八年"。与他同时在东宫侍读的,有翰林待诏王伾。王伾,杭州人善于书法,为太子侍书。二王都是太子老师,和太子朝夕相处。

唐代自安史之乱后,中央朝廷上,宦官专权,政治腐败,一些正直敢言的大臣如前宰相陆贽都相继贬逐出京。地方上,藩镇割据势力称王称霸,愈来愈嚣张。中央与地方、藩镇与藩镇间的战争,连年不断。国家又一再向老百姓额外加税,横征百出。因此,民不聊生,阶级矛盾日益深刻。李诵关心朝政,比较了解民间疾苦,对种种时弊很为不满,颇有改革之志,但这显然与受了王叔文的影响有关。王叔文一向就有"复兴尧舜孔子之道,为民谋取安定"的意志。他比李诵也不过大八岁,入宫之初年仅二、三十岁。君臣既志同道合,又都是血气正盛的青壮年,自然相处不错,很谈得来。王叔文经常一有机会,就与李诵谈天

第三章　内捷

下大事，议论民间疾苦。

一次，李诵在东宫与诸太子侍读讲论政道，谈到了宫市的弊害。宫市是一种虐政。德宗派令宦官当宫市使，负责在长安城中为宫廷购办日用货物。宫市使下置有数百小宦官，派出在外，专在市上采买，实际付价很少，十不偿一，还有的根本不付钱，完全是白日抢夺。老百姓受害很大。白居易有首《卖炭翁》的诗，就是专门讽刺、揭露宫市的。它真实地描述宦官白日行劫，说他们"手持文书口称敕"，将一个卖炭老人辛辛苦苦烧成的一车千余斤的炭夺了去。百姓们很痛恨宫市，有的实在忍受不了，在宦官行劫时，奋而反抗，打击他们。谏臣们也交替上疏，请求废除宫市。德宗原是宫市的窝主，哪里肯采纳！在这次东宫议论宫市时，李诵一时激愤，表示说："我见了皇上，当极力劝谏。"侍读们众口称赞，只有王叔文一人沉默无言，不表态。

李诵对此感到很奇怪，等到众人都退走后，叫王叔文留下，问他："刚才先生一言不发，是为什么？"王叔文答："叔文蒙太子信任，有所见解，哪敢不说出来。但本朝制度，太子的职任，只应当关心皇上的寝食安否，不准干预宫外的事。皇上在位已久，如果有

人乘机挑拨离间，说殿下收揽人心，那怎么解释得清楚！"李诵闻言大吃一惊。原来德宗猜忌心很强，又性情急躁，刚愎自用，常轻举妄动，这些，作为儿子的李诵自然不会一点不知。李诵晓得王叔文看得远，想得深，是为他的前途考虑，感泣说："如果没有先生，寡人怎会知道其中的利害。"从此，李诵对王叔文极为尊重，极为信任，东宫的一切事情，都依靠王叔文裁量决定。

王叔文对太子议兴议革，劝善改过，勤于匡扶调护。李诵对王叔文言听计从，这就使他即位后能够委政给王叔文，成为永贞革新的权力支柱和总后台。

顺宗性宽仁却有决断，立即起用革新派。他礼重师傅，对二王深信不疑，诸事仍委请王叔文决断。顺宗因风症常居宫中，不能接触外廷，只有嫔妃牛昭容和宦官李忠言在左右服侍。他让王叔文坐守翰林决策，命王伍在牛、李与王叔文之间往来传递旨意、信息。百官奏事，通过牛、李转达给顺宗，顺宗阅后，经牛、李转王伍下翰林，由王叔文裁决可否；王叔文奏意，也由王丕入内，经李、牛，转相交给，告顺宗，再由同样途径下翰林，称诏，宣行中书。王叔文又荐引韦执谊为宰相，

第三章　内捷

二月十一日，顺宗任命韦执谊为尚书左丞、同平章事，使韦执谊在中书承宣执行，与内相沟通，配合呼应。同时，刘、柳等人专采听外事，谋议唱和。这个转相交通联结，实际上是以顺宗为权力来源，以王叔文为决策中枢的革新派的指挥中心和对朝廷的控制系统。二十二日，顺宗正式任命王叔文为翰林学士，王伾依前为翰林待诏。至三月，王伾也为翰林学士。翰林院在金銮殿西，地近天子，以文词掌诰敕，兼备待顾问，辩驳是非，典掌缣牍，受命得处理一切事务，一日万机，权本极重，而顺宗实际上又把朝廷，决策大权交给了王叔文。王叔文"内赞画谋"，指挥定夺，可见是永贞革新事实上的推动者和实际领袖。在王叔文的谋划下，"二王刘柳"集团又不断相次提拔后辈新进，发展革新派势力。王叔文在完成为革新所作的人事、组织和权力系统上的准备后，迅即着手内政改革。

在改革中，王叔文充分发挥了他坚决果断、注重效率的办事才干。就在他受命翰林学士的当天，就惩办大贵族大贪官李实。李实是皇族，袭封道王，是个贪残无比的奸人。李实在做节度判官时，克扣军饷，引起军士怨叛，要杀死他，他连夜缒城，仓皇出逃。

鬼谷子

贞元末,官京兆尹,为政猛暴,不顾文法。关中大旱,德宗还想到准备减税,可李实谎报谷田长得很好,违诏强征,逼得百姓拆屋卖苗,苦不堪言。顺宗即位之初,李实仍恃贵不知收敛,在府中,活活打死了十多人。京畿一带,不分贵贱,都对他痛恨切骨。王叔文毫不留情,拔了这颗钉子,撤了李实的京兆尹,贬为通州长史。消息传开,人心大快,欢呼相贺。从惩办李实这件事可以看出:永贞革新一开始,就显示了雷厉风行的风格和气势。

二四、迫害官僚的魏忠贤

明熹宗即位后,辽东后金铁骑攻城的杀伐声,江南民众受沉重剥削的呻吟声,震撼着一批关心国家大事的读书人。他们要负起国家兴亡的责任。公元1593年,因为直言批评朝政,遭到罢官的吏部官员顾宪成,回到家乡无锡,主持修复无锡东门外一所书院,书院的讲堂上,挂着上面那副对联。宋代著名学者杨时在这里讲过学,顾宪成召集了一批志同道合的朋友,也在这里讲学。他们不是单纯地讲学,而是将讲学与议论国家大事

第三章　内捷

结合起来，批评朝政的无能，反对宦官与贪污腐败、因循守旧的官僚，对皇帝进行大胆的进谏。

他们是一批正直、敢说敢做的人。这座书院叫东林书院。反对他们的官僚、宦官，将他们贬称为"东林党"，人们也就习惯称这些人士为"东林党人"。他们的影响，迅速扩大到书院之外。同情、支持他们的人越来越多。许多同情者在朝廷里做官，对朝政起着积极作用。抗击后金入侵的杰出统帅熊廷弼、孙承宗、袁崇焕，有的是东林党人，有的与东林人士有紧密的联系。

东林党人最得人心的政治活动，是反对矿监、税使的斗争。明神宗为满足私欲，派出许多亲信太监，到全国各地监督开矿与收税，搜刮财物。这些太监随意挖掘居民的房屋坟墓，奴役、残害工人，抢劫财物，无恶不作。农民种不成地，商人做不成生意，百姓生活得不到保障。

东林党人中的许多官员都强烈批评明神宗派矿监、税使压榨剥削百姓的恶劣做法，要求迅速撤销。批评得最尖锐的凤阳巡抚李三才，他在奏章里说："皇上喜爱珍珠美玉，民众也要图个温饱；皇上爱子孙，民众也爱

鬼谷子

妻子儿女。为什么皇上想将自己钱库里的黄金堆积得像天那样高,而不让百姓家里存有一升一斗粮食呢?矿监、税使的所作所为,一旦引起反抗,众叛亲离,民众都成了皇上的敌人,皇上守着满箱满屋的黄金珠宝,又有什么用处?"

虽然那些矿监、税使受到皇帝的庇护,李三才动不了他们,但那些罪大恶极的爪牙,还是遭到李三才的打击,有的被捕,有的被杀。有个税监的帮凶叫程守训,贪污了几十万两银子。李三才掌握了真凭实据,向朝廷弹劾。明神宗不得不下旨将程守训和他的同伙逮捕进京,处以死刑。

公元1620年,明神宗死了,矿监、税使才被撤销。东林党人又面临一场更为严重的斗争。

明神宗死后,他的儿子朱常洛做了不到一个月皇帝,又死了。常洛的儿子朱由校继位,称明熹宗。东林党人拥立明熹宗有功,所以,一度受到明熹宗重用,许多被明神宗罢官的大臣,又都起用了。可是,明熹宗也是个喜欢吃喝玩乐的皇帝,他最宠信的,是他的乳母客氏和太监魏忠贤。

魏忠贤本来是个无赖,目不识丁。因为赌钱输得精

第三章　内捷

光,竟自己阉(yān)割成太监,进了皇宫,巴结上客氏,得以接近还在做"皇长孙"的朱由校。因为他善于逢迎拍马,很讨朱由校的欢心,朱由校做皇帝后,便提拔他做了司礼监秉笔太监,这是个代皇帝草拟批文的机要职务。从此魏忠贤与客氏狼狈为奸,引诱明熹宗整天沉溺在听戏听歌、打猎赌博的玩乐中,置国家的存亡于不顾。

魏忠贤不但掌握着代皇帝草拟批文的大权,还指挥特务机构东厂,掌握具有逮捕官员权力的锦衣卫,又在宫中组织一支上万人的宦官武装。在朝宫中,他与那些反对东林党人的官僚政客相互勾结,控制了朝政大权。他们成为明朝后期最反动的一个政治集团,东林党人骂他们为"阉党"。

敢作敢为的东林党人,对阉党进行了不屈不挠的斗争。公元1624年,左都御史杨涟首先抨击魏忠贤,列举了他的二十四条大罪,其中有:专权;私自批答圣旨;罗织罪名残害忠良;给魏家亲属滥封官职;在皇宫里练兵;等等。接着,更多的东林党人对魏忠贤进行了口诛笔伐,连国子监的师生一千多人,也都上疏弹劾魏忠贤。

 鬼谷子

魏忠贤对此切齿痛恨，疯狂反扑。第二年，他就找了个借口，将人们尊称为"六君子"的杨涟与佥都御史左光斗等六个著名的东林党人逮捕下狱，严刑拷打，逼他们承认根本不存在的罪行。"六君子"在狱中受尽酷刑。杨涟身上被压上沉重的麻袋，耳朵里钉进发锈的铁钉。左光斗全身被狱卒用烧得通红的烙铁熨烙，脸部被烧得焦烂，面目全非，左膝盖以下的筋骨，全都暴露出来。

左光斗做主考官时，曾经在北京附近一座古寺里遇到个赶考的读书人，叫史可法，见他写的文稿很精彩，而衣裳单薄。便暗暗记住了他的名字，考场里，左光斗读到史可法的试卷，非常欣赏，就取了他为第一名，并收为学生。左光斗还向他的夫人称赞史可法，"将来继承我的事业的，是这个年轻人。"

史可法也非常佩服老师的人品与学问。听到老师被阉党陷害入狱，受尽折磨，就买通狱卒，来看老师。当他见到老师这副惨状时，悲愤到极点，哭得竟说不出话来。左光斗从哭声听出是史可法，他用手硬将自己的眼睛掰开，闪着怒火，责备心爱的学生："你真蠢！这是什么地方？什么时候？国家糟到这步田地，老夫已经不

中用了,你还来自投罗网!万一你也被他们陷害,国家将来靠谁支撑?"

不久六君子全都惨死在狱中。此后,还有更多的东林党人被罢官,被下大狱,被充军,被杀害。直到明思宗即位,罢免了魏忠贤,阉党受到打击,东林党人才得到平反。但是,明朝的局势,已经是江河日下了。

二五、源源而来

"源源而来"表示连续不断地到来。

此典出自《孟子·万章上》:"虽然,欲常常而见之,故源源而来。"

有一天,孟子的学生万章去问孟子道:"象每天都想谋杀舜,然而舜做了天子却没有杀他,仅仅把他流放了,这是为什么?"孟子说:"实际上是封他到有庳,不过有人说是流放罢了。"万章听了并不满意,又问道:"为什么有人说是流放呢?"孟子说:"舜虽以有庳之地封他,但不让象在他的国土上为所欲为,因此又另派官吏去治理这个国家,所以有人说是流放。"万章继续问道:"舜为什么要这样做呢?"孟子想了一想说:"他们

到底是弟兄，这是仁人的做法啊！舜想时时能够见到自己的弟弟，象自然也想见到舜并希望舜能够给他一块封地，这样，象便可借朝贡而常常回来，舜也可常常借故有政事而接待象。"万章听到这里，觉得已经明白了，就辞别孟子而去。

二六、沾沾自喜

"沾沾自喜"的意思是说，自以为很好而得意起来。人们常用它形容某人对自己的成绩感到得意，表现出一种自满的神情。

此典出自《史记·魏其武安侯列传》："魏其者，沾沾自喜耳。多易，难以为相持重。"

西汉时期，窦婴由于立了军功被封于魏其（今山东临沂县南）为列侯。他是汉景帝母亲窦太后的堂侄，窦太后也很关照他。

丞相刘舍（封桃侯）因为一些事而被免职，于是空出了丞相的职位。窦太后屡次在景帝面前提及窦婴，想任用他当丞相。汉景帝说："难道你以为我舍不得丞相的职位，而不肯让窦婴为相么！窦婴这个人，总是自以为是,容易自满,处理事务又很草率轻浮,所以不能让他做丞相。"汉景帝没有任用窦婴,而是任命建陵侯卫绾当了丞相。

二七、辗转反侧

"辗转反侧"形容心里有所思念,翻来覆去地不能入睡。

此典出自典出《诗经·周南·关雎》:"求之不得,寤寐思服。悠哉悠哉,辗转反侧。

《关雎》是古代的一首恋歌,列《诗经》全书之首,也是十五国风的第一篇。《诗序》说此诗是歌咏"后妃之德"的,《鲁诗》里说是大臣(毕公)刺周康王好色晏起之作。现代一些研究者也有的以为是写上层社会男女恋爱的作品。

这首恋歌的大概意思是:河边有个采荇菜的姑娘文静又秀丽,一个青年男子追求她结为情侣。追求她,追求不到,就日夜渴慕思如潮。相忆绵绵恨重重,躺在床上翻来覆去睡不安宁。后来,这个青年男子弹琴打动了姑娘的心,最后两人终于结成情侣。

 鬼谷子

二八、正襟危坐

"正襟危坐"即正其衣襟端端正正地坐着,形容恭敬严肃的样子。

此典出自《史记·日者列传》:"宋忠、贾谊瞿然而悟,猎缨正襟危坐。"

西汉时,有一个叫司马季子的人,通晓天文地理,有很多独到的见解。他游学长安,以算卦为生。有一天,大夫宋忠和博士贾谊在一起谈论先王圣人之道术。贾谊说:"我常听说,古代的圣人,不在朝廷为官,那么一定在卜医者的行列中。现在朝廷中的三公九卿我们都见过,不知卜者中是否还有能人。接着,他们二人便来到市井的卜肆中。当时,刚下过雨,肆上人很少,司马季子正由三四个弟子陪同着在那里谈天说地。宋忠和贾谊很恭敬地拜见了司马季子。司马季子请他们坐下之后,便滔滔不绝地讲了起来,他讲了很多为官要顺应民意的道理。

宋忠和贾谊深为司马季子的博闻强记和表达才能所折服,二人揽其冠缨正其衣襟,恭敬严肃地说:"看先

生之状貌，听先生之言辞，实在是位了不起的人物，我们接触了许多知名人物，没有一个比得上先生，可是你为何要身居卜肆干此卑贱之事呢？"司马季子听罢捧腹大笑，说贤明的人是不屑于和那些追逐名利的人同流合污的。

二九、趾高气扬

"趾高气扬"形容骄傲自大、得意忘形的样子。

此典出自《左传·桓公十三年》："楚屈瑕伐罗，斗伯比送之，还，谓其御曰：'莫敖必败，举趾高，心不固矣。'"

春秋时期，楚国的武王派大将屈瑕，带兵去攻打罗国。楚国大夫斗伯比为他送行。回来的路上他对驾车人说："你瞧屈瑕走路把脚抬得高高的，有多神气。他太骄傲了，不把敌人放在心上，这次打仗他一定要失败！"

回来之后，斗伯比立刻去见楚武王。他对武王说："请您派援军快去支援屈瑕吧！"

武王说："那怎么行呢？我们已经没有军队可派了！"

武王没有听取斗伯比的意见,回到宫中对他的夫人邓曼说:"你看斗伯比这人真有意思,他明知我手上已经没兵可用了,却还让我派兵去支援屈瑕!"邓曼想了一会儿,对楚武王说:

"我看斗伯比的意思并不是要派援军,而是说屈瑕自以为是,不听人言,太贪于前线的战功,以为这次攻打罗国必然获胜,因而轻敌。你应该教训、告诫屈瑕。"

"哦,原来是这样!"楚武王终于明白了斗伯比的用意,马上派人去追回屈瑕,可是已经来不及了。

屈瑕将军队带到鄢水岸边,由于他没有一点防备,又没有认真组织兵士渡河,最后在楚军过河的时候、遭到罗国军队的左右夹击,大败而逃。屈瑕一个人跑到山谷里上吊自杀了,其他的将领逃回楚国,向楚武王请罪。楚武王沉痛地说:"这是我的过错,我没有听取大家的意见,就派了屈瑕为将,才酿成今天的过错!"

内揵第三

故圣人立事①，以此先知而揵万物。

由夫道德、仁义、礼乐、计谋，先取《诗》、《书》，混说损益，议论去就。

欲合者，用内；欲去者，用外。外内者必明道数，揣策来事②，见疑决之，策无失计，立功建德。治民入产业，曰"揵而内合"。

上暗不治，下乱不寤，揵而反之。内自得而外不留说，而飞之。若命自来，己迎而御之；若欲去之，因危与之。环转因化，莫知所为，退③为大仪。

【注释】

①立事：立身处事。

②揣策来事：推断将来的事情。

③退：保全。

【译文】

所以圣人建功立业,都是先了解掌握这种君臣情谊而控制万物,由此而推行治国计谋。

向君主进献建议和谋略,必须先考证《诗》《书》中的精华,使自己的主见与之一致,笼统地说些利弊得失的意见,然后决定去留。

想要留下就接近君主动之以情,争取君主宠信,想离开君主就用不着讲究情谊。懂得了有情和无情的区别,处理内外大事时必须懂得道理,而且揣摩考虑未来的事情,发现可疑之处就能做出决断。只要决策谋略不失误,就能够建立功勋,累积德政。

若遇到能够依靠的明主,就帮他整顿朝政、治理人民,使他们拥有产业,使君臣名分摆正,谋划一些合乎君主心意有成效的决策,把握住与君主的关系。如果君主昏庸无道,不理国家政务,臣民纷乱而不知醒悟,这时就算有好的谋略也不能适合统治者的口味,就不能进献而要明智地做出离开的决定。

遇到对内自以为是,对外留不住人才的君主,谋士只能先去迎合他,为他歌颂功德,博取他的欢心后再说动他。假如有朝廷诏书征召,就先迎合君主的心

第三章　内揵

意，为其所用，实现自己的抱负。若想离开，就用权谋之术应付他，趁国家危亡的时候，把权力交还然后设法离去。要依据面临的情况随机应变，运转自如，使人不了解自己的所作所为，猜不透摸不清，退居则是明哲保身的大法则。

【感悟】

作为一个智谋之士，如果遇明主竭力辅佑他，借以实现自己的抱负。如果遇到不贤明的君主，即使努力去劝说他也往往无用，不如想法离开，而后另择明君而事。

【故事】

一、荆庄王茅门之法

春秋时期，楚国国君荆庄王（即楚庄王）才能出众。他整顿内政，兴修水利，重视耕战，成为春秋五霸之一。当时，周代诸侯宫廷南面的宫门，称作雉门，在这个故事里称作茅门。为了管理雉门，荆庄王制定了有关的法令，称作"茅门之法"。茅门之法规定："群臣和公子们到宫廷来朝见楚王时，谁的马蹄践踏了茅门外

鬼谷子

的散水,就由宫廷里的法官把他的车辕砍断,把他的车夫处死。"

有一次,太子入朝,马蹄踏了散水,法官就遵守法律规定,砍了太子的车辕,处死了太子的车夫。太子非常愤怒,到宫廷里对着荆庄王哭诉说:"请父亲为我杀死那个法官。"庄王说:"法令是用以敬宗庙尊社稷的,因此凡是能立法守法,尊敬社稷的,都是国家应当器重的臣子,这样的人怎么可以把他处死呢?触犯法律,不听从命令,不尊敬社稷,那就意味着臣子凌驾在君王之上,下面的人喜欢计较、报复。臣子凌驾在君王之上,那么君王就要失去权威;下面的人喜欢计较报复,那么上面的君王就会受到威胁。权威丧失,君位危险,国家就会灭亡。到那时,我拿什么留给子孙后代呢?"太子听了这番话以后,立即跑了出去,离家在外露宿三天,朝向北面连连磕头,请求处以死罪。

二、楚灵王的末路

楚灵王正在饮酒作乐的时候,忽然有一个名叫郑丹的人慌慌张张地跑到他跟前,说:"公子干做了国王,

第三章　内捷

这里的人也散了一大半！"楚灵王听了，心急如焚，一时没了主意。没过多久，又有人来报告："新王派遣蔡公带领大队人马朝乾谿杀过来了。"楚灵王只好勉强统领着剩下的兵马，往郢都的方向迎上去。本来将士们都不乐意跟着楚灵王去侵犯别的国家，现在又要他们去攻打本国人，不满的情绪当然更高涨。楚灵王拔出宝剑，当场砍了几名想要逃跑的士兵。没想到这么一来，逃跑的人更多了。最后，只剩下一百多个士兵。楚灵王看大势已去，长叹一口气，摘下帽子，把外衣也脱下来，挂在河边的一株柳树上，也打算独自逃跑。郑丹说："咱们还不如混进郢都去，打探一下到底是怎么一回事。"楚王沮丧地叹口气，说："唉！全国的人都变了，还去探听什么？"郑丹说："那么，暂时先躲到别国去，慢慢再想办法吧！"楚灵王说："哪个诸侯不恨我？何必自讨没趣呢？"郑丹知道跟着他也不会有好下场了，就找机会溜走了。

楚灵王发现郑丹了逃跑了，更加觉得孤苦伶仃的。最后，他身边一个亲信都没有了。腿酸脚麻，饥肠辘辘，他想到村子里去找点儿食物，却不知道该往哪儿走。老百姓当中虽也有人知道他是楚灵王，可是他们听

逃出来的士兵说，新王的命令非常严厉，因此没有一个人敢冒险帮助楚灵王。楚灵王一连三天没吃一口东西，饿得眼冒金星，有气无力地倒在路旁，急切地渴望着能有个认识的人来救他一下。忽然楚灵王眼睛一亮，他看见一个以前给他看门的人从远处走过来。楚灵王就央求他说："你救救我吧!"那个人只好靠近去向他磕头。楚灵王说："我已经饿了三天，求你替我找点吃的来，我绝不会忘记你的。"那个人说："老百姓都怕新王的命令，我到哪儿去找食物呢?"楚灵王叹口气，就叫那个人坐在他有身边。楚灵王实在支持不住了，就把头枕在那个人的大腿上歇着。过一会儿，那个人见楚灵王睡着了，就轻轻抽出自己的大腿，从旁边拿了块石头搁在他头底下，偷偷地走了。楚灵王醒来，不见那个人，摸摸颈脖下面，原来枕着的竟然是块石头。他不禁心酸得落下泪来，心想："我真到了穷途末路了。"他愈想愈觉得伤心。

过了一阵子，有个以前做过官的人乘着一辆小车过来，听见哭泣声，仔细一瞧原来是楚灵王，就行了礼，扶着楚灵王上了车，把他接到自己家里去。

楚灵王平常住的是细腰宫、三休台乾奚的行宫。现

第三章　内揵

在到了乡村里，只得低着头进入小屋子，想想从前看看现在，越想越伤心，越想越觉得悲凉，禁不住又泪流满面。当天晚上，楚灵王一夜没睡，只是一味伤心叹气。到了黎明将至的时候，终于上吊自杀了。

同一时候，蔡公、朝吴、夏齧这些将士，找不到楚灵王，只好将他挂在柳树上的帽子和衣裳拿回去。蔡公眼珠一转，又想出了一个计谋。他嘱咐观从带着几百个士兵，假装成被楚灵王打败的样子，惊慌失措地跑到城里，散布谣言，说："蔡公已经被楚王杀了。楚王的大军随后就到城里来了！"有的说："大王已经进了东门。"有的说："大军已经把王宫包围了。"子干和子晳听见这些传闻，都不知如何是好。忽然瞧见一个将军气喘吁吁地跑进来，说："大王恼怒地杀进宫里来了！"说完，他就像火烧眉毛似的跑出去了。子干、子晳心急如焚，抱头大哭，说："咱们上了朝吴的当了。"他们知道无路可走，只得自杀了。公子弃疾也就是后来的楚平王，就是这样灭了楚灵王、子干、子晳三个兄长，自己踏踏实实地登上王位的。

楚平王埋葬了子干、子晳，大封功臣。大臣们竞相向楚平王谢恩，只有朝吴、蔡洧、夏齧不但不来谢恩，

反而要辞职。楚平王问他们为什么不愿意做官。他们说:"我们出生入死地帮助大王,为的是想恢复自己的国家。如今大王已经得了王位,可是陈国和蔡国并没有恢复,我们还有什么脸面见人呢?我们若继续待在这儿享受荣华富贵,而忘了父母之邦,简直是禽兽不如啊!从前楚王因为并吞陈国和蔡国,失了民心,才弄得一败涂地。大王怎么还要学他的样子呢?"楚平王说:"你们别急,我答应你们的请求。"于是他打发人去找陈侯和蔡侯的继承人。他们找着了偃师的儿子公孙吴和公子有的儿子公子庐。楚平王叫他们分别回到本国去当国君,就是陈惠公和蔡平公。朝吴、蔡洧、观从跟着蔡平公回到蔡国;夏齧跟着陈惠公回到陈国。楚平王担心自己的王位不稳,便有意收买民心,索性一不做二不休,叫当初被楚灵王强送到荆山去的六个小国的老百姓也回到自己的国家去。于是六国的老百姓兴高采烈地重返了自己的家园。

三、苏代替甘茂游说

战国时期,楚国人甘茂,曾经在秦国担任宰相。后来他遭人诬陷,被迫从秦国逃跑。

第三章 内揵

甘茂准备到齐国去,刚刚出函谷关,就遇见了谋士苏代。甘茂对他说:"您听说过那江上摆船的青年女子的事情吗?"苏代说:"没有听说过。"

甘茂说:"那江上船女之中,有一位家境贫寒,点不起蜡烛,天天借人家的光。其他的船女相互商量,想要撵走她。贫女对她们说:'我因为没有蜡烛,所以常常提前到船舱打扫房间铺座席,你们何必吝惜那照在四壁上的余光呢?即使我借一点光,于你们又有什么损失呢?而我提前打扫房间铺座席,却可省去你们的一些劳累,你们为什么偏要撵我走呢?其他船女觉得她说得的确是那么回事,就留下了她。我自以为自己也不是什么了不起的人才,现在被迫从秦国逃亡。我也情愿为阁下做些打扫房间铺座席的事情,请您帮助我留在齐国。"

苏代觉得甘茂是个人才,说说:"好吧。我一定设法使齐国重用您。"

于是,苏代先西行到秦国,游说泰国国君:"甘茂是个贤明之士,他在秦国受几代人的尊重,对秦国情况地理都十分熟悉。如今他离开了秦国,倘若他促使齐国,联合魏国、韩国,一起谋算秦国,恐怕对秦国很不利。"秦国国君问苏代:"既然如此,您说该怎么办

呢?"苏代告诉他说:"您不如用重金厚礼去迎接他。他如果回到秦国,你就把他软禁起来,以防后患。"秦国国君说:"您这个主意太好了。"随即宣布赐给甘茂上卿的官职。派宰相专门到齐国去迎接甘茂。但是甘茂拒绝了秦国的邀请,继续留在齐国。

这时,苏代又去见齐国的国君,对他说:"甘茂是当今贤明之士。现在秦国赐给他上卿的官职,派宰相专程来迎接他。可是他感激君主您对他的赏识,所以不愿回秦国,而希望做君主您的下臣,现在您将用什么礼节对待他呢?如果您不表示留用他,他肯定不再感激您的恩德。如果他回到秦国,得到秦国国君的重用,再让他掌管秦国的军民,那可就难以对付了。"

齐国国君对苏代的这番话很赞同。立即赐给甘茂上卿的官职,用优厚的条件礼待他,使他留在了齐国。

四、大义灭亲

"大义灭亲"本指为君臣大义而灭父子的私亲,后泛指为正义而不顾私亲的行为。

此典出自《左传·隐公四年》:"石碏纯臣也,恶

第三章 内揵

州吁而厚与焉。大义灭亲,其是之谓乎?"

战国时代,卫国百姓因为州吁杀了卫桓公自立为王,并且任意驱使他们去打仗,对此十分不满,要派人到洛阳告诉周王。州吁非常着急,便和他的同谋者石厚商量如何稳定人心,石厚说:"我父亲在朝廷德高望重,如果把他老人家请出来,事情就好解决了。"

石厚父亲石碏本是卫桓公重臣,因不满卫州吁的所作所为,告老还乡。今见石厚来问,便说:"诸侯即位应得周王的同意,如果周王答应了,还有什么说的。"石厚问:"怎样才能得到周王同意呢?"石碏答道:"陈桓公得宠于周王,又和我们相处得很好,如果你们能够得到陈桓公帮助,在周王面前说几句好话,周王一定会答应的。"石厚把他父亲的话转告州吁,两人大喜,立即带些礼物到陈国去。

石碏也写了一封信,暗地里派人送给陈桓公,大意说:卫国不幸,出了祸国殃民的乱臣,这都应由州吁和石厚两人负责。我年老了,无力处治他们,只好想办法让他们上贵国,请你本着正义,惩治他们,为卫国除害。

州吁和石厚一到陈国,就被陈桓公逮捕了。陈桓公

派人到卫国问如何处置这两个人,卫国派右宰丑赴陈国杀了州吁。对于石厚,大家为了讨好石碏,都主张从轻处治。但石碏说:"小子不忠不义,留下他又有什么用。"立即派管家獳羊肩到陈国把石厚杀了。石碏以国家之大义灭父子之私亲的做法,得到后世人的称赞。

五、奉公守法

"奉公守法"这个典故比喻遵守国家规定的法令制度。

此典出自《史记·廉颇蔺相如列传》:"以君之贵,奉公如法则上下平,上下平则国疆(强),国疆则赵固。"

战国时,赵国有一个叫赵奢的人,做过田部吏(主管土地、租税等的官)。因为他善于用兵,后来当了赵国的大将。在秦赵交战时,他曾率军大破秦军。因功被封为马服君。

在赵奢当田部吏的时候,有一次征收租税,平原君赵胜(赵国的贵族,赵惠文王的弟弟)家不愿意交租税,赵奢依法杀了在平原君手下为虎作伥的九个打手。

平原君大怒，要杀掉赵奢。赵奢毫不畏惧，他对平原君说："你身为赵国的贵公子，纵容家人抗租不交，这是无视国家法律的行为。国家的法律削弱了，国家就要衰败，国家衰败了，各国诸侯就会出兵攻赵，各国诸侯出兵攻赵，我们赵国就要灭亡了。到那时，你还能有现在的荣华富贵吗？以你这样的权势和地位，如果能够奉公守法，那么上上下下都会敬佩你，从而使国家强盛，人民安定，希望你能以国家的利益为重。"平原君听了赵奢的这番话，觉得非常有道理，就禀报了赵王说赵奢是一个很贤明的大臣，赵奢也因此得到了赵王的进一步重用。

六、狐假虎威

"狐假虎威"比喻依仗别人的势力欺压人。

此典出自《战国策·楚策一》："虎求百兽而食之，得狐。狐曰：'子无敢食我也。天帝使我长百兽，今子食我，是逆天帝命也。子以我为信，吾为子先行，子随我后，观百兽之见我而敢不走乎！'虎以为然，故遂与之行，兽见之皆走。虎不知兽畏己而走也，以为畏

 鬼谷子

狐也。"

战国时代，楚宣王很奇怪北方的臣民，为什么会畏惧他的大将昭奚恤；于是他就问朝中的大臣这到底是什么原因。朝臣中有一个人名叫汪乙，用一个寓言故事，来向楚宣王解释道："有一只老虎捉到了一只狐狸，狡猾的狐狸恐吓老虎说，它是天帝派来管理百兽的，如果老虎吃了它，将会激怒天帝；如果不相信，可以跟在它后面走，看看其他的野兽对它是怎样畏服。老虎听了狐狸的话，就跟在狐狸后面想看个究竟。一路上其他野兽远远地看见狐狸，果然都匆忙逃跑。老虎看见这个情形，不知道野兽乃是怕自己，还以为它们害怕狐狸呢！现在大王的兵权都在昭奚恤手上，北方人民所怕的，实际上只是怕大王的兵罢了。"

黄台之瓜

"黄台之瓜"比喻被屠杀将尽的人。

此典出自《新唐书·承天皇帝传》："种瓜黄台下，瓜熟子离离，一摘使瓜好，再摘令瓜稀，三摘尚云可，四摘抱蔓归！"

唐朝皇帝高宗身体虚弱，经常生病，于是就把国家

第三章 内捷

大事委托给皇后武则天,让她代他决断处理国事,因此国家行政大权就移到武后的手上。武后是一个很有政治天才、怀有极大野心、手段又十分残忍的女子,她把以前太子李忠废除,立李弘做太子,后来又把太子弘毒死了,再立李贤做太子。李贤也是高宗的儿子,历史上称他做章怀太子。他眼看着武后把太子弘害死了,日夜忧虑,知道自己总有一天也会受到迫害,但是他性格懦弱,不敢明白说出来,于是写了一首歌词交给宫里的乐工们歌唱,希望武后听了有所醒悟。这一首歌词是这样的:"种瓜黄台下,瓜熟子离离,一摘使瓜好,再摘令瓜稀!三摘尚云可,四摘抱蔓归!"它的意思是说:在黄台下边种的瓜啊!它的果实一个个的成熟了!经过一次采摘,瓜是茂盛的,再摘瓜便稀疏了!三次采摘,还说可以,四次采摘,只得抱着瓜藤回去了!这分明是一首非常可怜的乞命求饶的歌辞,他拿瓜来比拟自己的兄弟。本来兄弟是手足之亲,少了哪一个,也是伤心的,又有什么"一摘使瓜好"和"三摘尚云可"的呢?我们读这一首歌,应该了解到作者所处的境地:在武后的魔掌控制之下,极端恐怖,哀求武后手下留情,期望着从此以后不再下毒手,过去的不敢计较了,因此还迫得

说句"好"和"可以",可惜章怀太子贤也最终逃不过这厄运,武后强迫他自杀,由此可见武后的残忍。

七、淳于髡请救兵

战国时期,齐威王八年,楚国大举进犯齐国。齐威王慌忙叫大臣浮于髡带黄金百斤、个马10辆、前往赵国搬救兵,淳于髡一听,仰大大笑,笑得连帽带也绷断了。威王问;"你是笑我礼物太少吗?"淳于凳答道;"我怎敢笑大王呀?"

威王追问他笑什么,他说:"今朝上朝,我看见有个农夫跪在田边祭土地神,他拿起一只小猪蹄,举起一盅水酒,祈告说:'土地爷啊,求您保佑我五谷丰登,造造装满车子,年年塞满屋子!'我见他祭品这么微薄,却怀着如此之多的奢望,我一想起他,就会禁不住大笑起来呀!"

威王听了,惭愧地说:"你说得很有道理,寡人再加黄金子镒、白壁10双、车马百辆,你快到赵国请救兵吧!"

淳于髡来到赵国,献上重礼,赵王果然立即拨出精兵10万，战车千辆前来救齐。楚王知道后，连忙下令星夜撤军。

八、刘秀论政

臧宫因为人慎重、诚信而又质朴，故常被委以重用。后来匈奴发生饥饿和瘟疫，自相纷争，光武帝因此问臧宫对策，臧宫说："我愿率领五千骑兵攻打匈奴，建立战功。"光武帝笑着说："你是常胜将军，不能与你共同商讨对敌策略，我当自己考虑。"二十七年（公元51年），臧宫与杨虚侯、马武上书曰："匈奴贪利，不讲礼仪信义，势穷则向我俯首称臣，势强则向我侵扰进攻，边疆遭其蹂躏，中原忧其突袭。匈奴现在人畜皆患瘟疫而死，旱灾、蝗祸遍地，经过瘟疫和灾害之后，其实力不抵中原一郡。这至关重要的选择，决定于陛下。福不再来，机会易失，怎么可以死守所谓文德而不兴武事呢？现在即时命将兵临塞外，高悬厚赏，晓喻高句丽、乌桓、鲜卑攻匈奴左翼，征发河西四郡、天水。陇西、羌胡攻右翼。这样，翦灭匈奴，只需数年即可。臣担心陛下欲施仁政、思德，不忍发兵，谋臣心怀狐疑，

鬼谷子

致使垂史千秋之功不能建于当今盛世。"光武帝颁诏答曰:"黄石公记曰,柔能制刚,弱能制强。柔,即指德,刚,则指敌人。弱,可得仁义之助,强,则易遭怨恨。所以说,有德之君,与人同乐;无德之君,独自享乐。与人同乐者,其乐长久,独自享乐者,不久即亡。舍近而谋远,劳而无功;舍远而谋近,安然有成。逸政多忠臣,烦政多盗贼。所以说,广种者博收,广施恩德者势强。据有属于自己的东西时,心则安,贪图别人之物时,心则残。残暴毁灭性的政治,虽能侥幸有成,最终必然失败。现在,国无善政,灾害变乱不息,百姓惊恐不安,治政不能自保,还要去远征边外吗?孔子曰:'我担心季孙氏之忧虑,不在颛臾。'且北狄尚且强盛,边疆屯田、守边兵丁传闻多有失实。如果真能灭此大致,即使投入天下之半的财力我也愿意,若时机不到,不如息事宁人。"自此,诸将没人再言进兵匈奴之事。

九、沧海桑田

"沧海桑田"比喻人世间事物变迁极大,或者变化极快。

第三章 内捷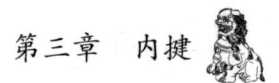

此典出自《神仙传·麻姑》:"麻姑自说云,接待以来,已见东海三为桑田。向到蓬莱水浅,浅于往者会时略半也。岂将复还为陵陆乎?"

传说从前有一位仙女,名字叫做麻姑,她这次到蓬莱去,她看见那里的海水又比从前她见到的减少了一半,她就疑惑不解,难道这里要变成陆地吗?她正在疑虑之时遇见了另一位仙人王方平。她对王仙人说:"我已经三次看见过东海变为桑田"

"沧海桑田"原来的意思是海洋会变为陆地,陆地也会变为海洋。这种"沧桑之变"是发生在地球上的一种自然现象。由于地球内部的物质总在不停的运动着,所以会促使地壳发生变动,有时上升,有时下降。挨近大陆边缘的海水比较浅,假如地壳上升,海底便会露出,而成为陆地;相反,海边的陆地下沉,便会变为海洋。有时海底发生火山喷发或地震,形成海底高原、山脉、火山,它们如果露出海面,也会成为陆地。

但"沧海桑田"的最主要原因是由于气候的变化。气温降低,由海洋蒸发出来的水,在陆地上结成冰川,不能回到海中去,所以海水减少,浅海就变成陆地;反之,气温升高,因而能使近海的陆地或低洼地区,变成

 鬼谷子

海洋。据科学家测算,假如地球大陆上的冰川全部融化,流入海洋的水可以使海面平均升高七八十米,那样将有许多陆地变成海洋。另外,河流每时每刻都在把泥沙带入海中,天长日久也会将一部分海滨冲积成陆地。所以,这种"沧海桑田"的变化,在地球上是普遍进行着的一种自然过程。

一〇、白面书生

"白面书生"的意思是少年文士,含有年轻见识少的意思。

此典出自南朝《宋书·沈庆之传》:"丹阳尹徐湛之,尚书江湛并在坐,上使湛之等难庆之。庆之曰:'……陛下今欲伐国,而与白面书生辈谋之,事何由济?'"

南朝宋朝时候,吴郡武康地方有一个叫沈庆之的人,很小的时候就胸怀大志,而且也十分强壮,当东晋末年,孙恩作乱,乱兵攻武康这时,沈庆之才十多岁,他跟随族人一起反抗、进行自卫,得胜。从此,沈庆之便以勇敢善战闻名。四十岁时,投在征虏将军赵伦之的

儿子伯符（竟陵太守）部下任职。况陵地方常有蛮夷侵扰，由于沈庆之的勇敢善战，最后使竟陵得到安宁，伯符也因而升了将军。在连年征战的生活中，沈庆之积累了不少作战经验，因为他屡建战功，被荐给孝武帝刘裕，从那以后担任了京城防卫的重职。

元嘉（宋文帝刘义隆年号）十九年，沈庆之又因讨伐蛮夷有功，升为建武将军，负责防守边疆。元嘉二十七年，宋文帝要向北方扩展，派王玄谟等人督师北伐，沈庆之向文帝劝谏，详细陈述了以前几位北伐将军失败的教训，文帝被缠不过，便叫左右两个文官和他辩论，庆之说："治理国事，就像治理家事一样；论耕田应该问实际操作的长工，讲织布便要问织布的婢女。现在陛下想攻打人家的国家，却和没有经历过战争的白面书生去商量，这件事能成功吗？"可是文帝最终也没有接纳他的意见，后来果然遭到失败。

一一、白云苍狗

"白云苍狗"比喻人生世事变幻无常。

此典出自唐代杜甫《可叹》："天上浮云似白衣，

鬼谷子

斯须改变如苍狗。古往今来共一时，人生万事无不有。"

唐代丰城有个读书人叫王季友，他虽家境贫寒，可是他刻苦攻读，很有志气。可是，妻子瞧不起他，抛弃他了。杜甫听到此事后，写下《可叹》一诗，意在破除众人的愚昧和偏见。

杜甫，不是为王季友夫妇离异而叹息，更不是因为王季友怀才不遇而叹息在诗中，杜甫是在感慨世态炎凉，以及世事的变幻无常。

他写道："天上的白云宛如圣洁的白衣，可是顷刻间变成毛色青灰的狗的模样。古往今来都是如此啊，人生变幻莫测，千奇百怪无奇不有。"

一二、半面之识

"半面之识"形容人记忆好；或形容相交不深。

此典出自《后汉书·应奉列传》："奉年二十时，尝诣彭城相袁贺。贺时出行闭门，造车匠于内开扇出半面视奉，奉即委去。后数十年于路见车匠，识而呼之。"

东汉人应奉，十分聪明，记忆力十分惊人。他二十岁那年，去彭城拜访袁贺。但袁贺不在家。他敲了许久

的门，造车的匠人将门打开了一点，露出半张脸，看了应奉一眼，说主人不在。应奉便离去了。

几十年过去了，一天他在路上碰见那个车匠，立刻认出了那人，并向他打招呼。对方表示不认识，应奉说："你不就是在袁家门口露出半张脸的那个人吗？"

一三、半途而废

"半途而废"比喻做事不坚持到底。

此典出自《礼记中庸》："君子遵道而行，半途而废，吾弗能已矣。"

《后汉书·列女传·乐羊子妻》：夫子积学，当日知其所亡，以就懿德。若中道而归，何异断斯织乎？羊子感其言，复还终业，遂七年不返。

战国时代，河南（古时泛称黄河之南）人乐羊。在路上拾到一块金子，拿回家去。他妻子说："这金子来路不明，你怎么可以拿回来呢？"于是乐羊就把金子放回到了原来的地方。后来，乐羊到别国去访师求学，一年后，回来了。他的妻子正在织布，见他突然回来了，便问他："你的学业完成了吗？"乐羊答道："还没有，

鬼谷子

我因为很想念你,所以就先回来一趟。"他妻子听完,立即拿起一把剪刀把机上的丝线剪断,说:"这布的原料产自蚕茧,而由布机织成;一丝一丝的累织成寸、成丈、成匹。现在把它剪断了,前功尽弃,白白浪费了许多时间。你在外求学,也是要日积月累地学习钻研,若中途而废,这不是与剪断织机上的丝线一样吗?"

乐羊被他妻子的话所感动,就又回去继续求学,一去七年,学成才回来。后来得到魏文侯重用,做出了一番事业。

一四、晋灵公桃园打鸟

晋灵公长大了,却只知道吃喝玩乐,把国家大事都推给赵盾去处理。赵盾一心一意想恢复文公的霸业,对晋灵公的怠忽职守,非常不满,便常常阴沉着脸。晋灵公对他又恼又怕,巴不得他离开朝堂,免得一天听他三次训话。只有大夫屠岸贾最能讨他欢心,叫他精神百倍。

屠岸贾就像晋灵公肚子里的蛔虫,把他看得一清二楚,只要晋灵公心机一动,他一定会料到八九分。他替

第三章　内 捷

这个贪玩的国君造了一座花园，叫"桃园"。桃园里砌了一座高台，四面围着栏杆，登台一眼望去，全城的房屋和街道都尽收眼底。晋灵公和屠岸贾两个人经常在那儿玩乐。有时候他们拿着弹弓打鸟，比赛谁的手快、眼明；有时候喝酒、唱歌，还叫宫女们上台跳舞助兴。一些老百姓也在园外凑热闹，目瞪口呆地瞧着园内的欢乐景象。有一天，晋灵公发觉园外的人比园里的鸟儿更多，一时心血来潮，对屠岸贾说："我们整天打鸟也没什么意思，今天换个新花样吧！咱们用弹弓来打人怎么样？打中眼睛，算是十分；打中耳朵，八分；打中脑袋，五分；打中身体，一分；打不着人的，罚酒一杯。"屠岸贾当然拍手赞成。于是他们张起弹弓，往园子外的人群中打去，直打得老百姓乱叫乱逃，各自捂着伤处喊疼嚷痛。晋灵公忍不住哈哈大笑，打人比打鸟有趣多了。

赵盾和士会知道了这件事。第二天就进宫去见晋灵公。晋灵公还没出来，他们就看见两名宫女抬着一个箩筐，从箩筐里露出一只人手来。赵盾、士会急忙走过去一看，原来里面装着一堆肢解了的尸体。赵盾问她们："这是从哪儿来的？"她们说："这是厨子老二。因为他

没把熊掌煮熟,主公大发脾气。"赵盾转头对士会说:"他把人的生命当草芥一般看待,简直太过分了!"士会说:"还是让我先去劝劝他吧!如果他不听我的劝告,您再来。"士会进去了。晋灵公一看见他,就挥挥手说:"哎,你别说了!从今以后,我改过就是了。"士会瞧他这么坦白,反而不好意思再多说话了。

几天后,晋灵公没到朝堂去,又坐着车往桃园去了。赵盾急忙早一步赶到桃园门口等着,一瞧见晋灵公过来,就跪在地下。晋灵公很不高兴,说:"相国有事吗?"赵盾说:"主公游玩取乐,总得有个节制。怎么可以拿弹弓打人呢?厨子偶尔犯点小错也不能治死他呀!主公再这样继续下去,早晚都会出大事的。我怕主公、晋国会遭逢不幸,因此宁可得罪您,也要请您回去!"晋灵公低垂着头,眼睛凝视着鞋尖,说:"你去吧!这次让我玩玩,下次一定听你的,可以吧?"赵盾挡在大门口,坚持叫他回去。屠岸贾说:"相国劝主公,当然是出于一番好意。不过主公既然到了这儿,您就再让他就一次,有什么要紧的事,明天再说吧!"赵盾无可奈何,愤怒地瞪了瞪屠岸贾,侧身让他们进去了。

他们刚进入桃园,屠岸贾就跟晋灵公说:"唉!这

第三章 内 捷

可是最后一次玩呢。从明天起,您得关在宫里,受相国管教了!"晋灵公扯扯屠岸贾,说"求你赶紧想个办法啊!"屠岸贾冷笑一声,说:"嘿!有了,我家有个大力士叫鉏麑。我派他杀了赵盾,咱们就不必受他管了。"晋灵公说:"唔,就这么办吧!"

当天晚上,屠岸贾嘱咐鉏麑在五更上朝以前把赵盾刺死。于是鉏麑就在当夜潜入赵盾家的院子,躲藏在大树底下。过了四更天,天色还早,赵盾家的人已经起来预备车马,堂屋的门也推开了。他偷偷地看了一下,只见堂屋上燃着烛火,一位大臣已经穿好上朝的衣饰,坐在那儿等待黎明。鉏麑是有良心的汉子,内心不禁有几分感动。他再仔细观察堂屋的摆设,都是一些粗糙的家具,跟他心目中的相府完全不同。他心想:"这么忠诚敦厚的大臣,叫我怎么忍心下手呢?"他就跑到堂屋门口,高声地说:"相国,您听着:有人派我来刺杀您,我可不能丧尽天良,杀害好人。可是也许还会有人来下毒手,您一定要多留神啊!"说完转身就走。赵盾壮着胆子,追出去想问个明白。他还没张嘴,就听见那刺客自言自语地说:"如果我杀了忠臣,自己就是不忠;如果不杀,对那派我来的人就是不信。像我这么不忠不信

 鬼谷子

的人还有什么脸苟活着呢?"于是他朝一株大槐树猛撞过去,顿时当场死去。赵盾看得瞠目结舌。他随即吩咐属下的人趁着天还未大亮,把刺客尸首埋在槐树下面。

那天早上,赵盾依旧准时上朝,晋灵公和屠岸贾暗暗吃惊:莫非鉏魔出了差错?散朝以后,屠岸贾对晋灵公说:"我有一只猎狗,凶猛极了。要杀赵盾,就靠他了!"他又把详细办法说了一遍,乐得晋灵公拍手叫好。屠岸贾回家以后,做了一个稻草人,替它套上跟赵盾一模一样的衣服,又在稻草人的胸腔部位塞着羊肉。天天训练那只狗扑向稻草人,撕裂它胸脯,饱吃一顿。经过几天的训练,那只猎狗一瞧见那个稻草人,就毫不犹豫地扑过去,在稻草人的胸口上又抓又撕。

有一天,晋灵公召赵盾到宫里去喝酒,赵盾的家臣提弥明陪他同去。屠岸贾当然也在座,他说:"主公请相国喝酒,其他的人不准上来。"提弥明只好站在堂下。群臣连吃连喝,气氛倒还十分融洽。谈话当中,晋灵公忽然一再赞赏赵盾的宝剑,要他拔出来让他观看一番。按照规矩,做臣下的如果在国君面前拔出剑来,就等于犯了行刺国君的大罪。赵盾没有想到这一层。当他正要拔出宝剑的时候,提弥明在堂下急切地嚷着说:"且慢!

第三章 内奸

主公面前不得无礼！"赵盾经他这一提醒，才知道这是他们的诡计，就快快不乐地起身告辞。提弥明怒容满面地搀着他出来。屠岸贾立刻放出那只猎狗去追赵盾。这只猎狗看到活的"稻草人"，就不由分说地扑过去。提弥明眼疾手快，发觉情况不对劲，赶紧挨过去，将那只猎狗的脖子一扭，当场结束了那条狗命。宫里顿时惊乱了起来。晋灵公大发雷霆，叫武士们去杀赵盾和提弥明。提弥明非常英勇，既要保护赵盾，又要还手抗敌；他杀了几名武士之后，终于也被杀了。剩下赵盾独自往前奔逃，武士们在后头紧追不舍。其中有个武士比别人跑得更快，三两步便追上了赵盾。赵盾瞧了他一眼，随即眼前发黑，一头栽到地上，一动也不动了。那个武士一把拉起赵盾，背着他就跑。

这时候赵盾的儿子赵朔，已经带着家丁来迎接他父亲。那个武士把赵盾安放在车上，就拔出刀来，准备跟国君的卫兵拼命。那帮卫兵看见赵家人多势众，就放弃追杀，掉头回去了。赵盾问那武士："他们都要来杀害我，你怎么反而救我呢？你是谁呀？"他说："相国难道忘了那个在路旁饿得奄奄一息的人了吗？"原来五年前赵盾打猎回来，看见路旁躺着一个人，以为是刺客，叫

 鬼谷子

人把他抓来。那个人已经饿得站不起来了。赵盾问了他的情况，才知道他叫灵辄，在卫国游学三年，这次回来，穷得一无所有，已经饿了三天。赵盾很同情他，就给了他一些干粮和盘缠。后来灵辄做了卫灵公的卫士，常常想起赵盾的救命之恩。正巧屠岸贾唆使国君要杀害赵盾，灵辄就决意要救他的命。赵盾脱了险，就和他儿子投奔到国外去，他们本想带着灵辄一起走，可是灵辄早已不知去向了。

一五、卫国人的雕刻

一个卫国人前来应召，自我吹嘘说："我能把细小的棘刺尖端雕成一只母猴。"燕王一听，非常高兴，便用五乘的俸禄供养他。

过了一段时间，燕王对那个卫国人说："我想看看您雕刻的棘刺母猴。"那个卫国客人煞有介事地说："大王要想看它，必须提前半年不进内宫，不能喝酒，也不能吃肉，选择雨过日出，似晴似阴的一瞬间，才能看到这个棘刺母猴。"燕王听了，觉得难以实现，只好继续供养他，却一直看不到他的作品。

第三章 内揵

后来，一个在宫廷干活的郑国铁匠知道了这件事，便对燕王说："我是打制刻刀的工匠。据我所知，所有小巧的物品都要用刻刀削刻，而要刻的东西都必须大于刻刀的刀刃。现在，那个卫国人说的棘刺尖端，其实连刻刀的刀锋都容不下，又怎么能雕出东西来呢？所以，请大王只要观察一下那个卫国人的刻刀，就能够知道他能不能雕刻了。"燕王恍然大悟，说："有道理！"

于是，燕王召来那个卫国人，问："你用什么东西在棘刺上雕刻母猴呢？"那个卫国人回答说道："用刻刀呀。"燕王说："那让我见识一下你的刻刀吧。"那个卫国人说："请允许我回房间把它取来吧。"于是，他便乘机逃走了。

一六、范宣子致歉戎人

范宣子准备逮捕戎子驹支，范宣子亲自在朝廷上数落他说："过来，姜戎氏！从前秦国人在瓜州追逐你的祖先吾离，你的祖先吾离披着茅草编织的衣服，戴着荆棘编织的帽子前来归顺我们的先君。我们的先君惠公的田地不多，同你们平分。现在诸侯事奉我们的国君不象从前了。这都是因为说话时泄漏了机密,应当是由于你的缘故、明天的早朝你不要参与了。如果参与,就逮捕你。"戎子驹支回答说:"从前秦国人依仗他们人多,对土地贪得无厌,驱逐我们各部族戎人。惠公显示他的大德,说我们各部族戎人都是四岳的后裔,不能被抛弃。赏赐给我们南部边境的旧地,那里是狐狸、豺狼出没的地方。我们各族戎人铲除那里的荆棘,驱逐那里的狐狸豺狼,当作先君不侵犯不背叛的臣子,到现在仍忠心耿耿。从前文公和秦国攻打郑国,秦国人私下同郑国结盟荆,陈兵戍守,在这种情况下有了殽地战争、晋国军队在_已面抵御,我们戎人在下面抵挡,秦国的军队不能回去,这是我们戎人的功劳。好象捕捉鹿,晋国人抓住鹿角,各族戎人拖住鹿的后腿,同晋国人一道把它掀翻在地,戎人为什么不能免于罪责?从那时以来,晋国的各个战役,我们各族戎人都即时地参与,与晋军共同作战,为的是追随执事,与支援殽地战役一样,哪里敢违背?现在百官恐怕确实有过失,因此使诸侯三心二意,但却责怪我们各族戎人!我们各族戎人吃饭、穿衣的风俗与中原各国不同,财礼不相往来,言语不通,能够做什么坏事呢?不参加会见,我也没什么可忧愁的。"

第三章 内揵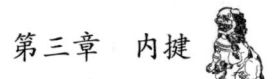

作了《青蝇》这首诗后退了出去。范宣子表示道歉，让他参加会见的事务。显示了不听谗言的美德。

一七、李斯的处世哲学

李斯的处世哲学是"老鼠哲学"。人是一只老鼠，同样是老鼠，但有粮仓老鼠和过街老鼠之分。"我"要当一只粮仓里的老鼠。为这一目标，李斯奋斗了一生。临死的时候长叹一声"仓鼠上越高，摔越远。"

李斯年轻时当过小吏，后拜荀子为师，学习帝王之术、治国之道。学业完成以后，他分析了当时的形势，认为"楚国不足事，而六国皆弱"，唯有秦国具备统一天下，创立帝业的条件，于是他决定到秦国去施展自己的才能与抱负。

公元前247年，李斯来到秦国，先在秦相吕不韦手下做门客，取得吕的信任后，当上了秦王政（赵政，即秦始皇帝）的近侍。李斯利用经常接近秦王的机会，给秦王上了《论统一书》，劝说秦王抓紧"万世之一时"的良机，"灭诸侯成帝业"，实现"天下一统"。秦王政欣然接受了李斯的建议，先任命他为长史，后又拜为客

 鬼谷子

卿，命其制定吞并六国，统一天下的策略和部署。

公元前237年，秦国宗室贵族借口韩国水工郑国在秦搞间谍活动事件，即利用修水利工程（郑国渠）消弱秦国国力，要求秦王下令驱逐六国客卿，李斯也在被逐之列。李斯在被逐离秦途中，写了《谏逐客书》，劝秦王收回成命。他在《谏逐客书》中，列举大量历史事实，说明客卿辅秦之功，力陈逐客之失，劝秦王为成就统一大业，要不讲国别，不分地域，广集人才。秦王看了《谏逐客书》深受感动，立即取消了逐客令，并恢复了李斯的官职，不久又提升了他当廷尉。《谏逐客书》不仅是具有重要价值的历史文献，而且也是一篇胎炙人口的代秀文章。鲁迅先生曾说："秦之文章，李斯一人而已。"

李斯重新受到秦王政的重用后，他以卓越的政治才能和远见，顺应历史发展的趋势，佐助秦王政制定了吞并六国，实现统一的策略和部署，并努力组织实施。结果仅仅用了十年的时间，就先后灭了六国，于公元前221年建立了我国历史上第一个统一的、中央集权制国家，第一次完成了统一大业。秦朝建立以后，李斯升任丞相。他继续辅佐秦始皇，在巩固秦朝政权，维护国家

第三章 内捷

统一,促进经济和文化的发展等方面屡建奇功。他建议秦始皇废除了造成诸侯分裂割据、长期混战的分封制,实行郡县制。把全国分为36郡(后增加到41郡),郡下设县、乡,归中央直接统辖,宫吏由中央任免。在中央设三公、九卿,分职国家大事。这一整套封建中央集权制度,从根本上铲除了诸侯王国分裂割据的祸根,对巩固国家统一,促进社会发展起了积极作用。所以,这一制度在秦以后的封建社会里一直沿用了近两千年。秦统一后,由于过去各诸侯国长期分裂割据,语言、文字有很大差异,对于国家的统一和经济、文化的发展极端不利。李斯及对地向秦始皇提出了统一文字的建议,并亲自主持这一工作,他以秦国文字为基础,废除异体字,简化字形,整理部首,形成了笔画比较简单、形体较为规范,而且便于书写的小篆(也称秦篆和斯篆),作为标准文字。他还亲自用小篆书写了一部《仓颉篇》,作为范本,推行全国。小篆的出现是汉字发展史上的一大进步。鲁迅先生说,李斯在我国文学史上是有"殊勋"的。今人遗憾的是,斯手书已汛大多散失。现在,中国历史博物馆还收藏有李斯亲书的琅玡刻石,山东泰山岱庙现存有李斯篆书的秦二世诏书刻石的残片,这些

 鬼谷子

刻石虽己严重残损,但它是我国已发现的最早文字刻石,实为稀世珍宝。李斯还在统一法律、货币、度量衡和车轨等方面付出了巨大努力做出了重大贡献。

此外,人们所熟知的"焚书坑儒"也是李斯建议为打击儒生以古非今、诽谤朝政的倒行逆施,为巩固中央集权所采取的非常措施。这在当时历史条件下,不无积极作用,但它毕竟是我国文化史上的一次大浩劫,对我国秦以前文化典籍的破坏是极其严重的。

公元前210年,秦始皇死后,李斯为保全自己的既得利益,附和赵高伪造遗诏,立少子胡亥为帝,赵高篡权后又施展阴谋,诬陷李斯"谋反",将其处以五种酷刑:黥刑(在脸上刺字)、劓刑(割掉鼻子)、断舌、砍趾后腰斩于市,并夷灭三族。

李斯的一生,绝大部分时间都是在实践着法家思想的。他重新受到秦王赵政的重用后,以卓越的政治才能和远见,辅助秦王完成了统一六国的大业,顺应了历史发展的趋势。秦朝建立以后,李斯升任丞相。他继续辅佐秦始皇,在巩固秦朝政权,维护国家统一,促进经济和文化的发展等方面做出了卓越的贡献。他建议秦始皇废除分封制,实行郡县制。又提出了统一文字的建议,

第三章 内捷

之后又在统一法律、货币、度量衡和车轨等方面付出了巨大努力。这些措施，都是以法家的加强中央集权和君主专制为指导的。李斯在他生平的后期，虽然将法家的思想推向了极端化，但是他仅仅是一个提出者，而不是一个完全的执行者。并且，此时的李斯，已经彻底蜕变，他写《督责书》，很大的原因是为"阿二世意，欲求容"，此时的李斯，已经没有了"依法治国"的志向。他已经不再代表法家了。因此，李斯后期的思想是否应该归入法家的体系，是值得商榷的。因此，李斯归根到底还是一个法家的最完全的执行者。

一八、克敌制胜的张兴世

北魏（公元463年），张兴世拜为员外散骑侍郎，仍拜为宣威将军、随郡太守。尚未去随郡任职，宋太宗即位，四方反叛。于是朝廷加封为龙骧将军，统领水军，在赭圻抗拒南来的魏国军队。魏军在湖口修筑了两座城池，魏龙骧将军陈庆率领船队在前为游动军队。张兴世率龙骧将军佼长生、董凯之攻克了这两座城池，趁势袭击陈庆军，陈庆大败，落水溺的就有数千人。当

鬼谷子

时，宋军据守赭圻，魏军屯兵鹊尾，两军相持，很长时间不分胜负。张兴世建议说："敌军占据上游，兵力强盛，地势有利。现在，我军虽然足以与敌军相持，但要战胜他们还嫌不足。如果派几千兵将悄悄地到达魏军上游，借着险要的地势固守，找机会截断前后魏军联系，使其首尾惶惑，进退不得，疑惧沮丧。敌军在中流受阻，运送军粮自然会十分艰难。克敌制胜的奇谋，没有比这再好的了。"沈攸之、吴喜都称赞张兴世的计策。

当时，豫州刺吏殷琰占据寿阳逆反，被刘勔率军攻打，魏军派庞孟虬率军援助殷琰，刘勔派信使紧急求援。建安王刘休之打算派张兴世去，问沈攸之的看法。沈攸之说："孟虬这样象蚂蚁一样的贼寇，一定不会有什么能耐。派另外的将官率领几千骑兵步兵去，就足打败他。如果出现意外，被敌所败，那就暂时以长江西岸之地作诱饵，让他们去占。如果我们在魏军上游获得了胜利，就不用担心他们不灭亡。张兴世的行动，关系到国家的安危大计，一定不可放弃。"于是，派了段佛荣等人去援助刘勔。

张兴世打算率领自己统辖的军队径直攻取大雷，但是，别的部队尚未聚集，不能给张兴世抽出人马以加强

第三章　内捷

力量。到薛索儿被消灭后，宋太宗以五千军队留守盱眙，余下的二万人都派到南面来征讨魏军。不久，山阳又平定，朝廷又征召阮佃夫率领的各路军队回头向南征伐。于是，各路军队都聚集起来了。分给张兴世七千兵士。张兴世就命令兵士们驾着轻舟逆流而上，一会儿又驾船返回，一两天里都是如此，使得敌军放松了警惕，不对此作防备。刘胡听说张兴世要率军到上游，嘲笑地说："连我都还不敢越过晋军去夺取杨州，张兴世是什么样的人物，敢于轻率地占据我的上游。"张兴世对沈攸之等人说："魏军上游只有钱谿这个地方可以占据，那里地势险要，江面又很狭窄，而且离我们大军不远，接应没有困难。那里的江上有旋涡，下行的船必然要到那里停泊，江岸有叫横浦的地方，可以藏匿船只，大概可容两三只船。"张兴世率军夜里从湖口乘船，到了鹊头后，又乘船而回，疑惑魏军。四更天时，刮起了风，张兴世率军张帆而进。魏军也派胡灵秀等的军队，在东岸上相随而进。张兴世在景江浦宿营后，魏军也驻军不前。张兴世悄悄派黄道标率七十只船占据了钱谿，立起了营寨。这二天早上，张兴世和军队都集中到了钱谿。张兴世在钱谿停军一宿后，刘胡率水兵步兵二十六队趁

 鬼谷子

着天明就来攻击。张兴世手下将士想要出兵迎头打击,张兴世禁止说:"敌军这么远来攻击,气势正盛,箭矢迅急,但是敌军开弓激射,力量终会用尽,气势汹汹到达极盛,也容易衰竭,曹判就是根据这个道理打败了齐国军队。"他命令将士不得轻举妄动,而是仍然继续修筑营寨。不一会,刘胡率军乘船越来越近,驶入了旋涡,张兴世随即命令寿寂之、任农夫率领数百精兵壮士攻打,大军也在后相继攻打,刘胡败退。张兴世军击杀刘胡军数百人,有很多跳入江中逃生,刘胡收拾败兵退了下去。

一九、陈康迎吴汉

汉初,更始政权派遣尚书令谢躬率领六位将军攻打工郎,未能攻下。适逢光武刘秀到,与谢躬共同平定邯郸,但谢躬纵其将领掠虏过甚,光武帝不能接受,顾忌颇深。虽然同在邯郸,只好分城而驻,但有事则相互通报问候。谢躬任事勤勉,光武曾称赞其说:"谢尚书是真正的官吏",所以双方并不猜疑。未久,谢躬即带领其数万兵马还驻于邺。时光武南下攻打青犊,行前对谢

第三章 内捷

躬说:"我追击敌人到谢犬,必能击败之,在山阳的尤来闻讯势必惊恐逃走。如果以你的威力,打击这些残兵,必能获胜。"谢躬说:"好。"及青犊被刘秀攻破,尤来果然北逃奔隆虑山,谢躬便让大将军刘庆、魏郡太守陈康留守邺郡,而自己统率诸将追歼尤来。尤来因穷途末路,拚死而战,兵锋锐不可当,于是谢躬大败,死亡数千人。

光武以谢躬在外,乃派吴汉与岑彭袭击邺郡。吴汉先令说客招降陈康说:"听说上智之人可以不遇到危险,或可幸免,中智之人能够化险为夷,下愚之人则安于危险的境地自取灭亡。现在危亡已经降临,在人如何选择去从,不可不去思考。现在京城残破混乱,天下扰攘,你是听到的。萧王(刘秀)兵强士和,河北已归其所有,你是看到的。谢躬内负萧王,外失人心,你是知道的。你现在独守孤危之城,等待灭亡之祸,不能立义,不能成节。不如开城投降,转祸为福,免遭下愚之败,可得中智之功,这是万全之计。"陈康赞同此言。于是陈康收执刘庆及谢躬妻子,开城门迎人吴汉大军。等谢躬自隆虑回邺,不知陈康已经反叛于他,与数百轻骑一同人城。吴汉伏兵抓到谢躬,亲手杀谢躬,其部将兵皆

鬼谷子

降。谢躬，字子张，南阳人。起初，谢躬妻知光武不喜谢躬，曾告戒谢躬说："你与刘公长久不睦，不能共处，却信其夸夸之谈，不作戒备，最终必然要为其所制。"谢躬不听妻言，故遭此祸。

二○、西晋忠臣张华

西晋元康九年，出现了变乱，先是裴頠向贾模、张华提出废黜贾后而立谢淑妃为后，而张华却认为惠帝没有废后的意思，我们这么贸然作主会授诸王以口实，到时很有可能又会是滔天祸乱。裴頠则认为贾后逞其凶虐，也很快会招致祸乱。张华提出了裴頠、贾模作为亲戚居中劝阻调停，可以暂时保持安定。可见，张华也没有什么良言妙策，这个执政班子陷入了一个两难困境：除掉贾后，会授诸王以口实，而贾后除掉太子，也会授诸王以口实，倘若贾后与太子可以和睦相处，那么则天下太平，但是这在当时来说仅仅是一种奢望。所以张华提出由裴頠等人劝谏，也仅仅是权宜而已。

不久，贾模病故。他多次进言贾后，贾后反而逐渐疏远他。贾模的死使得劝阻贾后的力量又减小了许多。

第三章　内捷

这一年的冬天，一直以来劝诫贾后最得力的贾母病逝，此人虽然妒心很盛，其夫贾充也是惧怕三分，但是她至死还是劝阻贾后待太子要视如己出，可惜她一死，对于贾后来说最后的羁绊也消失了，张华希望由贾后亲族抑制贾后谋害太子的想法至此成为了泡影。

太子的亲党也意识到了太子的处境已经日益危险，被张华一手提拔的东宫左卫率刘卞就曾向张华询问贾后是否有废太子的谋划，张华表示没有听到，其实，张华心里是明白的，但是他的地位已不容许他随意表达，必须慎之又慎。而刘卞则意在用东宫之兵，倚张华之名，一举废掉贾后。张华的内心恐怕是矛盾的，这时的局势，已不再是裴頠提出废后时的局面了。

不久，贾后设计，灌醉太子后逼着他写下谋反的教令，这篇教令还是出自那位中国著名美男子潘岳之手。贾后拿着这篇谋反的文字交给了惠帝，太子陷入了岌岌可危的境地。

诸王公卿站了满满一屋子，惠帝说要将这个不孝子赐死，而大家都看了太子的这份手书，却没有没人说句话，经历了自杨骏以来的几场政治变乱，这时已经没有人能够再莽撞的站出来随便说点什么，因为没有人知道

哪些该说,哪些不该说,虽然大家都知道皇后要谋害太子,但恐怕仍然对这种方式感到错愕。

这时的张华恐怕想到了自己多年前曾力排众议,说服武帝一举伐吴,那时他站了出来,而且几乎是与在朝的绝大多数人相悖。这时的张华再次站了出来,这不同于处置杨太后,他感到了处置太子对于现在的朝廷可能意味着灭顶之灾,所以他不会再沉默下去,他已经站在了权力的风口浪尖,他仍然相信自己能够掌控局势,就像自己当年那样,想想现在,杨太傅已经作古,杜预也早早的撒手人寰,曾经与他一同并肩作战的两人,如今都已不在。张华面对的,也不是那个当时还想有所作为的武帝,而是一个几近痴人的惠帝,更何况他要面对的,不再是权倾朝野贾充,而是他的女儿,现在的皇后,权势更盛同时也更为恶毒的贾南风。不过他还是站出来了。

张华提出,自汉武帝以来,废黜正嫡必然会遭致国家丧乱,而且有晋之日尚浅,不宜行废立之事。张华算是说到了事情的痛处,早年间,袁绍、刘表哪个不是因为废长立幼而使得自己的势力二世而亡,曹操、司马昭哪个不是因为坚持立嫡而安定政权。况且,大家心里清

第三章 内捷

楚，太子到底有没有罪。最后，张华提到了一个更严重的问题，就是晋目前的执政根基尚不稳固，外有少数民族群狼环伺，内有藩镇诸王蠢蠢欲动，如果此时朝中发生这么大的变故，必然使朝局面临崩溃的危险。所以，张华站了出来，这个时候他如果不出面，西晋的大厦随时有倾圮之虞。

永康元年三月，天象有变，张华的少子劝张华逊位，张华却说"天道玄远，惟修德以应之耳。不如静以待之，以俟天命。"此时张华的表现，很多人认为是贪恋权位，但是我倒是觉得他在等待，等待那滔天的祸患，虽然他已经无法解决，但是他不想逃避，他要去面对，不论那是福是祸。这是作为一个大臣，一个三公应有的品德，也是他作为一个文人所仅存的那一点风骨。

此时，一场反贾后的政变正在酝酿，而这场政变的主角就是赵王司马伦，他早年在观中平定氐羌时，就师老无功，他的谋主孙秀更是个邪佞之辈，当梁王要去顶替赵王时，张华就交待说要杀了孙秀，如果不是赵王全力保全，恐怕孙秀早就人头落地，也就是因为此事，赵王和孙秀与张华结下了不小的仇恨，而后赵王征召入朝，他虽无经国之才，但却能谄事贾后，执掌禁军。他

求官录尚书事,又求尚书令,都被张华拒绝,因此赵王与孙秀经历这几件事后可谓是深恨张华。

而此时的东宫旧臣司马雅等人看到太子性命危在旦夕,把拯救太子的希望寄托在了手握兵权的赵王伦身上,而赵王也满口答应,不过此时,孙秀出了一个如当年贾后杀楚王般"螳螂捕蝉、黄雀在后"式的奸计,他设计说,太子刚烈,天下皆知赵王是贾后一党,如果太子复位将来登上帝座,很有可能给赵王来一个清算,不如先借贾后之手杀了太子,再以为太子复仇之名杀了贾后,这样则能尽收海内人望,独揽大权

赵王司马伦一向对孙秀言听计从,这次对这个毒计更是称赞有加,于是赵王先是放出风声,说殿中人要拥立太子复位而废后,贾后果然不自安,命人带毒药前去许昌要毒死太子,太子不吃,来使把太子拘禁起来要饿死太子,但是宫中有人私下给太子送膳食,结果太子还是没死,最终,太子在如厕之时被贾后的来使用药杵击杀,十分残忍,愍怀太子最终还是死于非命。

这时,赵王起兵的时机也就成熟了,东宫旧将也十分义愤,希望为太子报酬,就在这最后关头,孙秀还是愿意与张华捐弃前嫌,希望借重张华之名来除掉贾后,

第三章　内捷

他派司马雅前去游说张华参与此事，但是这时的张华已经不愿意再参与废黜贾后的行动，他清楚地知道赵王、孙秀是何等人物，他也知道贾后是何等凶狠，但此时的张华已经不愿意再卷入政治斗争的洪流，他放弃了这第三次也是最后一次废后的机会，也等于放弃了活命的机会。所以，如果说他贪恋禄位，我不甚赞同。

永康夏四月辛卯朔，出现日食

两天后，赵王发难，矫诏调禁兵废后，声言为太子报仇，贾谧在这场边乱中丧命，贾后则被被废为庶人并被送到了杨太后、愍怀太子都待过的金墉城，六天后，贾后被强令服下金屑酒身亡，结束了她凶残的一生。

而就在赵王发难当晚，张华也被执入殿前，在殿前，张华就自己在整个太子废黜过程中的作为做了最后的辩解：

张华：你要害死忠臣么？

张林：你身为宰相，执掌天下大事，太子被废，你为什么不能死节？

张华：式乾殿上，我苦劝天子，奈何不听，非我不谏啊。

张林：既然你谏言天子不从，为何不引咎逊位？

鬼谷子

张华：…………

张华说不出来了，张林说得没错，为何我不逊位呢？他想说他不是贪恋权位，他不是对太子的废黜无动于衷，而是他不知道该做什么，他觉得坚守比离开更重要，虽然不知道能做什么，但是如果此时逊位岂不是苟全自己？但是，现在说这些，谁能相信呢？昔日的鹪鹩成为了鸿鹄，但是鸿鹄最终还是不免于被杀的命运。

不久，使者传来消息，有诏斩公。这个诏必然是出自孙秀之手。张华此时并没有慌张，在他那天踏出式乾殿，望着夕阳时，恐怕就想到了这一天，他从容言道："臣先帝老臣，忠心如丹。臣不爱死，惧王室之难，祸不可测也。"

二一、晋朝公卿王戎

魏晋之际的"竹林七贤"，在历史上留下了许多著名的故事，至今脍炙人口。他们虽然是名士风流，不留心世务，但在那种特殊环境下，也不得不涉足官场，成为政治人物。七贤中年龄较小的王戎，后来成了西晋朝著名的公卿，而且，他还做过一任河东太守。

第三章 内捷

王戎十五岁时,就结交了当时的名士阮籍。阮籍比王戎大二十岁,是王戎父亲王浑的朋友。

阮籍每次去拜访王浑,坐下来谈一小会,就没话题了,只好告辞。但拜访王戎时,就会清谈好久好久。阮籍就挖苦王浑:"你儿子的水平很高,和你不是一个档次。跟你谈话,不如跟阿戎谈话。"王浑听了,只有干笑而已,夸儿子也等于夸自己嘛。

王戎成年后,身材短小,性格随便,不注重外表威仪。但是特别善于清谈,在名士聚会时,王戎常常能发起最有意思的话题,引起大家的热烈讨论。有一回,朝中名士到洛水修禊,畅谈一日,后来有人向参加集会的王济询问,那天有什么重要话题,王济激动地说:"张华评论《史记》《汉书》,裴頠评论前贤的言行,都很有意思。但王戎谈论张良和季札的往事,超然玄着,最吸引人了。"

名士们之间,也经常打趣斗嘴,这就需要敏捷的思维和口才。有一次,阮籍等人在竹林聚会,王戎迟到了,阮籍就挖苦道:"你这个俗物,又来败坏别人的兴致!"王戎毫不客气,回敬了一句:"你们这帮家伙的兴致,确实是很容易败坏的。"

斗嘴归斗嘴，有时候，也需要向朋友进一些高明的逆耳忠言。钟会要率军伐蜀，出发前找到王戎，询问有什么要嘱咐的，王戎真诚地说："道家有言，为而不恃。非成功难，保之难也！"他是根据钟会的性情特点，指出了钟会容易犯的错误。为而不恃，就是要有所作为，但不居功自傲。以钟会的才能，取得成功并不难，难就难在成功之后，居功自傲，不能保住成功的荣誉。后来，钟会伐蜀果然取得了成功，但因为和邓艾等人有矛盾，又想据蜀造反，兵败被杀了。人们想起王戎对钟会的嘱咐，都认为王戎"知言"。

当时人，曾经把裴楷和王戎放到一起来评价，称"裴楷清通，王戎简要"。

王戎继承了父亲的爵位，并开始做官。西晋时期是门阀政治，王戎进入仕途并不断升迁，不算什么困难的事情，先后做过相国掾、吏部黄门郎、散骑常侍、河东太守、荆州刺史。

在荆州刺史任上，王戎犯了一个错误，派部下替自己修治园宅，可能还动用了公款，是典型的以权谋私。被弹劾后，依法应当免去官职。但皇帝司马炎是爱护名士、爱护世家大族的，下诏让王戎交钱赎罪，官职就不

第三章　内捷

免了。

不久，皇帝把王戎调任豫州刺史，并加建威将军，带兵伐吴。西晋伐吴，是一次筹备、策划已久的成功战争，王戎躬逢其盛，便也尽心尽力。他派部下罗尚、刘乔为前锋，进攻武昌，吴国的将官们望风而降。王戎大摇大摆地进军到长江边，又有一支吴军投降。王戎未费吹灰之力，就立了两次功劳。战争结束后，受封为安丰侯，增邑六千户，赐绢六千匹。

灭吴之后，天下一统，王戎渡过长江，做了一些稳定民心、恢复秩序的工作。吴国有一位正直的官员石伟，因为不满吴国孙皓的黑暗统治，称病辞职，隐居在家。王戎很欣赏这个人，就向晋武帝推荐，给石伟争取了一个议郎的职位，并终身享受二千石俸禄。这件事，让原来吴国地区的百姓心悦诚服。

王戎升官了，入朝担任侍中。临行时，南郡太守刘肇行贿，把五十卷细布悄悄放入王戎的行李。这件事被人检举了，但朝廷审查后认为，细布是刘肇自行放入王戎行李的，王戎虽然可能知情，但并未明确表示收下，所以不算犯法。

这个审查结果，偏袒的意味太明显，朝臣们不服，

鬼谷子

议论纷纷。晋武帝司马炎，不得已亲自出来替王戎说话："以王戎的高贵品德，怎么会贪这个小便宜呢？只是为了让对方安心，不好意思拒绝罢了。"皇帝发了话，朝臣们也就不敢议论了，但王戎的名声，也就这么坏了，大家从此看不起他。

王戎担任地方官期间，史称"虽无殊能，而庶绩修理"，也就是并没有什么特殊的才能，但普通的政务，都处理得井井有条。现在我们称他是"平庸而腐败的地方官"，也算说得过去。

王戎的办事能力不强，但他仍是一位有思想有见识的人。东安公司马繇执政时，过于专断，威震内外。王戎曾经劝诫他："朝廷刚刚经历了大的变故，人心不安，您应当多从长远考虑，不要过于刚愎自用。"司马繇听不进意见，很快就失势了。

到后来，晋朝的局势越来越乱，王戎看看不妙，就改变了处世策略，苟媚取容，明哲保身，再也不肯直言进谏了。

八王之乱期间，河间王司马颙和成都王司马颖联合起来，要诛讨齐王司马冏。司马冏找王戎问计，王戎说："您的功劳确实很大，但您也有不太公平的地方，

让朝野失望。现在河间王和成都王大军上百万,锐不可当。您不如退让一步,离开朝廷,交出兵权,回到封地做您的王爷去。"司马冏的谋士厉声喝道:"汉魏以来,交出兵权的王爷,有几个能保住全家性命?说这话的就该斩首!"

在场的人都吓坏了。王戎趁着司马冏还没有发火,就假装上厕所,逃离现场。然后又假装药劲发作,掉进了厕所,弄得乱七八糟,司马冏也没顾上为难他。(魏晋时代的名士,都

王戎后来做了司徒,这是朝廷重臣了。但他也不负责,经常把公务交给部下去办,自己骑个小马,从便门溜出去游玩,百姓们都不知道他是当朝三公。在路上遇到老部下,他也悄悄地躲开,不与人家见面,就是这样混日子。

二二、乱世能臣赵俨

赵俨字伯然,颖川阳翟人氏。汉末大乱,他携全家避乱于荆州。听说曹操迁都许昌,中原安定,他便认为曹操集团有政治前途,扶老携幼,去许昌投奔曹操,被

曹操任命为阳安郡朗陵县长。他当时只二十七岁,相当年轻。

朗陵是个不足万户的小县,但仍然有许多违法乱纪的豪强。赵俨上任后,首先整治这批人。他采取的手段十分明智,因为是乱世,执法太严厉了,容易激起变乱。他就只逮捕劣迹比较严重的几家豪强,认真审查,判为死罪,暂时囚禁起来,在全县形成震慑效果。然后,他又向阳安太守汇报情况,请求赦免这些人,得到允许后,再把这些人释放。

他使用这些恩威并用的政治手腕,成功地控制了本地豪强,使朗陵县出现了安定局面。

曹操和袁绍两股势力交锋,袁绍势大,派人策反曹操治下的豫州各郡,好几位郡守都悄悄接受了袁绍的任命,一旦时机成熟,就公开投降袁绍。只有赵俨所在的阳安郡,情形暂时比较稳定。

曹操要打仗,急需各种物资,命令各地加紧征收。阳安太守李通,便开始在郡内紧急征收绵绢。赵俨听说后,认为此举不妥当。他急忙赶到郡里,拜见李通,陈述道理,他说:"现在天下还没有安定,各郡都有叛乱的情况,只有我们阳安郡是真正忠于曹公的。在这个关

第三章 内捷

键时刻,加紧征收绵绢,岂不是想把百姓们逼到袁绍那边去吗?您应该好好掂量一下。"

李通说:"你不知道我的难处。正是因为各郡都有叛乱的情况,我才需要向曹公表明忠心。这时候不加紧征收绵绢,输送到许昌,那曹公和他手下的亲信们,就会怀疑我的忠诚,认为我也有了贰心呢!"

赵俨说:"你的顾虑也有道理,但是我们要权衡事情的轻重缓急,要顾大局。您先暂缓征调,我想办法解决您的顾虑。"

李通答应了,赵俨便给曹操的谋士荀彧写了一封信:"今阳安郡当送绵绢,道路艰阻,必致寇害。百姓困穷,邻城并叛,易用倾荡,乃一方安危之机也。且此郡人执守忠节,在险不贰。微善必赏,则为义者劝。善为国者,藏之於民。以为国家宜垂慰抚,所敛绵绢,皆俾还之。"

荀彧见信后,立即向曹操汇报,得到了曹操的同意,便给赵俨回了信,并下了正式的公文,让阳安郡把绵绢退还给百姓。这样,"上下欢喜,郡内遂安。"。

赵俨的才能,很快就得到了曹操的重视,把他召回许都,任司空掾属主簿。

鬼谷子

当时，曹操手下大将于禁、乐进、张辽等人，各领一军，互不团结。曹操便命赵俨"并参三军"，负责协调、调解工作。在赵俨的努力劝谕下，几位将军逐渐地合睦了。曹操征荆州时，命赵俨领章陵太守，不久，因为各军需要协调，又命赵俨为都督护军，管理于禁、张辽、张郃、朱灵、李典、路招、冯楷的七支部队，颇有成效。

赤壁战后，赵俨继续担任丞相主簿，在曹操身边工作。不久，又被曹操任命为扶风太守。曹操平定韩遂马超之乱后，收编了五千多名降兵，由平难将军殷署统领。升赵俨为关中护军，统领关中诸军，殷署带领的五千降兵，成了赵俨部下的主力。赵俨带着这些兵，打退过羌族人的进攻，平定过屯田客吕并的叛乱，为曹操立了不少战功。蜀将关羽率大军进攻樊城，将曹操部下大将曹仁围困起来，形势危急。

曹操派大将徐晃，先带一支部队去救援，并派赵俨为参军，做徐晃的谋士。徐晃到了樊城附近，关羽的部队把樊城围得正紧，单凭徐晃一支部队，根本无法解救曹仁。而曹仁是曹操的兄弟，地位重要，不能有危险，军中诸将都催徐晃快速出兵进攻。

第三章 内捷

这时,赵俨站出来说:"我军人数太少,根本无法战胜关羽,冒险进攻,没有一点好处。现在最重要的问题是,城中的曹仁将军,根本不知道援军的到来,不能做拼死抵抗。所以我们应该尽快派人,把情报送进城去,让曹将军坚守几日。估计,过不了十天,其他的部队就能到来,那时候再内外夹攻,一定可以打败关羽。如果魏王要追究缓救曹仁的责任,我愿意挨这一刀,你们大家不要担心。"

众将一听,都放了心,不再要求进攻,并按赵俨的要求,派人把书信射进樊城,和曹仁互通了消息。曹仁的部队,果然打起了精神,拼死抵抗,绝不投降。过了几天,曹操派的其他部队到来,内外一起出击,关羽不敌,就撤了樊城之围,退守襄阳。

孙权见有机可乘,就写信给曹操,要求效力,夹击关羽。他派吕蒙在关羽后方偷袭,关羽知道后,就弃了襄阳,率兵回南,与吕蒙作战。

曹仁于是召集众将,商量用兵方略。众将都说,趁关羽与吕蒙作战,首尾难以兼顾,正好大举进攻,一定可以生擒关羽。

赵俨却指出:"孙权知道关羽难以首尾兼顾,所以

 鬼谷子

袭击关羽后方,想乘乱图利,并不是真的想报效魏王。我们现在应该放过关羽,让他和孙权相争,而我们坐收渔利。如果我们大举进攻,威胁到孙权的利益,他便会与关羽联合了。我想,魏王一定会想到这一点。"

曹仁听后点头同意,就令部队休整,不再考虑进兵的事。曹操果然也注意到这个问题,派快马送信给曹仁,不许进兵,和赵俨说的完全一样。

二三、二疏辞官

汉代汉宣帝时期,有两个贤德之人,一个叫疏广,字仲翁,东海兰陵人;一个叫疏受,字公子,是疏广的侄子。公元前67年,宣帝册立皇太子,选丙吉为太傅,疏广为少傅。几个月以后,丙吉当上了御史大夫,疏广任太子太傅,疏受任太子家令。疏受好礼恭谨,才思敏捷,善于辞令。一次,宣帝来到太子宫,疏受迎送应对,祝酒上寿,一切都彬彬有礼,皇帝满心欢喜。不久,疏受就被封为太子少傅。皇太子每次入朝,疏广和疏受都陪同前往。太傅疏广在前,少傅疏受在后,叔侄都是太子师傅,在朝廷上下传为美谈。

第三章　内揵

一次，疏广对疏受说："我听说，'知道满足的人不会受辱，懂得适可而止的人就没有危险。'功成身退，那是天经地义的事啊！"我们官居高位，俸禄二千石，可以说是功成名就了。如果不及时隐退，恐怕有后悔的那一天。我认为，不如叔侄二人相随出关，告老还乡，以终天年，这不是很好的事情吗？"疏受叩头说："谨听大人教诲。"当天，二人都上书称病。三个月后，皇帝垂问，疏广就说自己病重，上书请求告老还乡。皇帝也觉得他们的确年老了，就答应了赐给他们黄金二十斤，皇太子赠黄金五十斤。临行时，许多公卿大夫、朋友、同乡都为他们送行，在长安东廓门外摆下酒宴，送行者的车有几百辆，叔侄二人向众人告别而去。在道路两旁观看的人都说："这是两位贤德的大夫啊！"有的人还感动得流下泪来。

第四章　抵　巇

第四章 抵巇

抵巇① 第一

物有自然,事有合离②;有近而不可见,远而可知。近而不可见者,不察其辞也;远而可知者,反往以验来也③。巇者,罅也。

罅者④山间也;山间者,成大隙也。险始有腾,可抵而塞⑤,可抵而却,可抵而息,可抵而匿⑥,可抵而得,此谓抵巇之理⑦也。

【注释】

①巇:同隙,是虚的意思。

②物有自然,事有合离:事有逆顺离合,是事物的自然法则。

③远而可知者,反往以验来也:远的如能以经验来推论,也是可以知道的。

④罅:裂缝,漏洞。峒:山间的溪谷,指大裂缝。

鬼谷子

与"涧"字同义。道藏本注:"隙大则崩毁将至,故宜有以抵之也。"

⑤抵而塞:意思是说,从内部产生的矛盾,则采用修补的办法。抵,对付,利用。塞,补塞。

⑥抵而匿:意思是说,问题处于萌芽状态,宜用掩盖、宽容的办法予以消除。

⑦理:原则和方法。

【译文】

天下的万物都有自己本身生发死灭的自然法则,事物的分散与聚合都有一定的自然规律。有的近在身边却无法看见,有的相距很远却很了解。近在身边不能发现的事,是因为没有详细地加以观察,距离远的却能了解,是因为回首考察过去的历史,能够验证预测未来。

所谓"罅"就是裂缝。裂缝,逐渐发展就变成大裂缝。小的裂缝刚出现时就有兆头,就应该从里边将它堵塞,或从外边挡住,控制住它的发展,甚至使它消失。当裂缝已扩展开了,无法堵塞时,就可以乘势取而代之,另作他用。这就是堵塞裂缝的基本原理。

第四章 抵巇

【感悟】

千里之堤,毁于蚁穴。对于刚刚出现的漏洞就要想法及时加以补救,否则漏洞逐渐扩大,要堵就困难了,甚至于无法堵塞。如果漏洞大了,不能以堵的办法处理,那么就只有从根本加以解决。

【故事】

一、赵简子爱士

赵简子,春秋后期晋国卿大夫,六卿之一,赵氏大宗宗主。赵武之孙,赵成嫡长子,出生世卿大族,至晋定公时执政晋国十七年之久。

赵简子有两匹白骡而又特别喜欢它们,阳城胥渠在广门任小官,夜晚叩门求见,说:"主君的家臣胥渠得了病,医生告诉他说:'得到白骡的肝脏,病就可以治好。不能得到就得死了。'"门人进去通报,董安于正在旁边侍侯,听说后气愤地说:"嘿——,胥渠啊,竟想得到我们主人的白骡!您让我这就去杀了他吧。"简子说:"杀人却是为了保存牲畜,不也太不仁义了吗?杀牲畜以便救活人,不是非常仁义的吗?"于是召来厨师

鬼谷子

杀死白骡,取出肝脏拿去送给阳城胥渠。过了没有多长时间,赵简子发兵攻打狄人。广门的小官左边带七百人,右边带七百人,都最先登上城头,并获取敌人带甲武士的首级。君主怎么能不爱护人呢?

有邯郸的民众在正月元旦这一天将他们捕获的野鸡献给简子。简子很高兴,赏赐给了他们很多东西。门客问简子为什么重赏。简子说:"在正月元旦这天将猎物放生,是表示一种恩德。"门客说:"民众知道您要将猎物放生,所以争相猎取它们,反而使他们死了很多。如果您想放生,不如禁止人们捕猎他们。捕猎之后再将其放生,您的恩德是弥补不了犯下的过失的。"简子说:"你说得对。"

赵简子出兵攻打齐国,命令军中有敢劝谏的人,一律处死。有一个名叫公卢的武士,看着赵简子大笑。赵简子问:"你笑什么?"公卢回答:"我一向就喜笑。"

赵简子说:"你能说出理由就算了,说不出理由就处死你。"公卢说:"在采桑的季节,我邻居家夫妻二人都出去干活。丈夫看见一个采桑女子,就去追她,没有追到,就回来了。他的妻子一怒之下也走了。我是笑这个人太可笑了!"

第四章 抵牾

赵简子说:"如果我因为攻打别人的国家,失去自己的国家,我就太可笑了!"于是下令退兵。

有一次有人对赵简子说:"你为什么不改正过失?"简子说:"好的。"

左右大臣们说:"你根本没有过失,要改正什么?"

赵简子说:"我说好,不一定就表示有过失,我是想得到能规劝我的过失的人,现在我回绝了他们,是回绝能规劝我的人,能规劝的人望而止步,我的过失将永远无法改正。"

赵简子对人说:"赦厥很敬重我,从来不肯在众人面前批评我,可尹绰却老是喜欢在大庭广众面前指点我的缺点,使我难受。"尹绰听了,很不以为然,对赵王说:"赦厥连你的丑恶都爱上了,所以从来不留心你的过错。我决不敬重你的丑恶,所以常注意你的过错,这全是促你改进啊!"。

一天,赵简子乘船在黄河上游玩,十分开心。看着滔滔东去的河水,忽然,赵简子深有感慨地说:

"怎样才能得到贤士,整天与他相处呢?"

划船的人名叫古乘,听了赵简子的感叹后向赵简子深深鞠了一躬,说:

 鬼谷子

"大人听我冒昧地说几句。你看那些珠宝、美玉,它们没有长脚,离这里又有千里之远,却能来到这里,为什么呢?这是人们因为喜好它们,便从千里之外将它们寻了来。而贤士是长脚的,他们不来,恐怕是因为您不喜好他们吧?"

赵简子说:"不对,我平素广招人才,门下食客就有上千人。我对他们的供养也是很真心的,如果发现早上吃的东西不够了,我马上派人在晚上去市场收税供给他们;如果晚上吃的东西不够了,早上就派人去市场收税供给他们。我对他们如此真诚大方,还能说我不喜好贤士吗?"

古乘听了赵简子这番话后说:"鸿鹄之所以能飞得又高又远,是因为它依靠着坚硬的翅膀。它背上的细毛、腹部的绒毛,长长短短、松松软软、多多少少没有一个定数。这样的毛,少了一把,不影响它飞得高,多了一把,也不影响它飞得低。大人您所需要依赖的应该是像翅膀那样能让您高飞的有用之才,而不是像细绒毛那样无足轻重的无用之才。贤才在精而不在多,庸才再多也无益。不知大人门下上千食客中,有没有像鸿鹄翅膀那样的有用之才?该不会都是些细绒毛吧!"

第四章　抵巇

二、齐闵王丧国

公元前301年，齐宣王去世，他的儿子田地继承王位，是为齐湣王。他在位十七年（公元前301年至公元前284年），好大喜功，狂妄骄纵，穷兵黩武，专横跋扈，导致内外树敌，亡国丧命。他的教训和悲剧也因此载入史册，为后人所吸取。

齐湣王继位之初，便倚仗齐国的强大实力，插手他国内政。湣王元年（公元前300年），韩国的公子咎与公子几瑟争夺太子之位，由此激化矛盾。齐湣王为表达自己的态度，准备出兵韩国，共同与亲齐国的韩公叔帮助公子咎并将其立为太子。这时，支持公子几瑟的中庶子向几瑟建议铲除公叔，几瑟没有听从中庶子的建议。不久，齐湣王大兵压境，驱逐公子几瑟，公子几瑟见大势已去，仓皇逃往楚国。齐湣王二年（公元前299年），齐国邀请魏襄王一块儿到了韩国，胁迫韩襄王立公子咎为太子。

齐湣王继位之初，楚国由于内忧外患，使得楚怀王不得不向齐湣王求和，并派太子横到齐国作人质，以加

强齐、楚联合。秦国为拆散齐、楚联盟,对楚国施了离间之计。楚怀王听信谗言,决定与秦国结盟。当他到达秦国时,被秦昭王扣留,后忧愤成疾,死于秦国。齐湣王三年(公元前298年),楚怀王被秦扣留后,一直在齐国作人质的楚太子横向齐湣王请求回国。齐湣王没有答应,并要挟说:"如果把楚国东边的五百里土地割让给我,就可以让你回去;否则,是不会让你走的。"无计可施的太子横,万般无奈中去问他的老师慎子该怎么办,慎子告诉他说:"土地是用来为自己服务的,如果因为爱土地而不去为死去的父亲送葬,那是不孝不义的行为。所以我赞成答应给齐国土地。"齐湣王在得到允诺后,便放走了楚国的太子横。后来由于秦国出兵干预,齐湣王欲得到楚国东边五百里土地的愿望也没有实现。

由于秦国的干预,齐湣王的打算落了空,他大为恼怒,非常怨恨秦国。不久,秦国要攻打魏国,当时在魏国做官的齐国人陈珍,为魏国游说来到齐国,对齐湣王说:"有能力灭亡各诸侯国的是秦国。我不担忧强秦的威胁,而担忧六国相互攻伐,使自己疲弱下去,其结果只能是被秦国乘机吞并。"陈珍又为齐湣王分析说:"现

第四章 抵巇

在秦国想攻打魏国的绛和安邑,如果得手,就会沿着黄河向东攻齐。大王不如派兵与三晋联合抗击秦国,这样,既帮助魏国打击了秦国,齐国还可以免遭秦国的攻伐。"湣王觉得陈珍的分析很有道理,而且也符合打击秦国、扩大自己影响的意愿,便采纳了陈珍的建议,派孟尝君田文率领齐军,联合韩、魏攻打秦国。齐湣王三年,孟尝君统帅齐、韩、魏三国联军,势如破竹,很快就攻到了秦国的边防要隘——函谷关。然而,由于孟尝君中了韩庆的计谋,使"三国无攻秦"。直到齐湣王五年(公元前296年),三国联军才对秦国发起进攻,攻破函谷关。为了缓解局势,秦昭王被迫"割河东而讲和"。齐国联合韩、魏兵临函谷三年,对阻止秦的东向兼并势头、提高齐国的地位具有一定的意义,但由于齐湣王只顾眼前利益,接受了秦国的讲和要求,没有将"革命"进行到底,所以使他丧失了打击秦国、削弱秦国、以致最终消灭秦国的良机。

湣王五年(公元前296年),因赵国保持中立,不派兵干预齐国攻燕之事,距燕遥远的秦国爱莫能助,只好眼睁睁地看看齐军向燕国展开了猛烈的进攻。燕军在权地被齐军强大的攻势击败,齐军杀燕军十万,两员大

 鬼谷子

将被俘,几乎全军覆没。不久,有恩于齐国的赵国,在齐国不加干预,甚至相助下,一举灭掉了中山国。齐军权地败燕,是齐湣王继破秦函谷关之后,取得的又一场胜利,更使齐湣王称霸天下的野心进一步膨胀。

燕昭王为了向齐国报仇,让苏秦到齐国搞反间活动,以折断齐国的羽翼、拆散齐国的联盟。他指使苏秦一方面破坏齐国和赵国的关系,削弱齐国的力量;另一方面,劝谏齐湣王进攻宋国,以转移齐国对燕国的威胁。因此,苏秦极力怂恿、引诱齐国攻打宋国。苏秦曾对当时担任齐相的韩珉说:"您使我在齐国受到重用,我将让燕国侍奉齐国,齐燕联合为一体,韩国和魏国也会服从齐国,赵国若蛮横无理就讨伐它。希望齐国集中力量进攻宋国。"

齐湣王不但没有识破苏秦的计谋,反而还赞誉他,并于齐湣王十二年(公元前289年)任命苏秦为齐相。从此,苏秦这颗定时炸弹便埋在了齐国的心脏,成为齐湣王国破身亡的一个重要原因。

齐湣王七年(公元前294年),秦国发兵进攻韩国,韩国因失去齐国的支持而连吃败仗。最终被秦军攻占了韩国的武始(今河北武安县南)和新城(今河南伊川

第四章 抵巇

县西南）。次年，秦将白起率领大军以不可阻挡之势大败韩、魏联军于伊阙（今河南洛阳南），斩首兵士二十四万，俘虏魏国将领公孙喜，韩魏联军损失惨重。齐湣王九年（公元前292年），攻势愈猛的秦军又乘胜夺取了魏国的垣（今山西垣曲东南）和韩国的宛（今河南南阳）两个地方。次年，秦国攻取了魏国的轵（今河南济源东南）和韩国的邓（今孟县西）。几年的扩张掠夺，使得秦国的势力不断增强，三晋的大片土地尽为秦军攻取。

齐湣王十三年（公元前288年），齐国军队开始攻打宋国。当时燕昭王派张魁率领燕军去帮助齐国伐宋，可齐湣王不把燕国放在眼里，竟然杀死了燕将张魁。燕昭王只好忍气吞声，委曲求全。齐湣王十四年（公元前287年），发动了第二次攻宋。燕昭王又派二万士兵，自备粮食协助齐国攻宋，结果迫使宋国割淮北地与齐国讲和。实际上，燕昭王并不愿意帮助齐国，为了雪耻，只好佯装侍奉齐国，以等待机会。这次攻宋，楚、魏都来争夺宋地。齐湣王十五年（公元前286年），任用韩珉为相，齐国趁宋国发生内乱之机发动了第三次大规模攻宋。齐国攻宋，遭到了秦国和楚国的反对。秦昭王十

鬼谷子

分恼怒,准备派兵阻止齐国进攻宋国。后经苏秦从中斡旋才作罢。

当齐军与宋军即将决战时,秦国却又违背诺言,暗地里阻止齐军的军事行动。为争取赵国的支持,齐湣王派公孙衍到赵国去见专权的赵相李兑,以齐军灭宋后给李兑早就垂涎的宋国的陶邑为条件,劝李兑支持齐国。李兑答应了齐国的请求。在赵国的支持下,齐湣王举兵伐宋。大军浩浩荡荡,长驱直入,以不可阻挡之势吞并了宋国。宋王偃仓皇逃亡到了魏国,最后死于温地。齐湣王一举消灭了宋国,使齐国的政治、军事实力达到了顶峰。但由于战争连年不断,齐国的人力、物力、财力几乎耗尽,再加上齐湣王不讲究对外战争和对内治理的策略,专横跋扈,穷兵黩武,从而内外树敌,不久就发生了五国联合攻齐的军事行动。这也预示着齐湣王国破身亡的悲剧即将上演。

齐湣王十七年(公元前284年),燕昭王任命乐毅为上将军,率领燕、赵、韩、魏、秦五国合纵攻齐。齐将触子率齐军与五国联军对峙于济水旁边。齐湣王敦促决战,派人面见触子,辱而呵斥道:"你如果不尽力作战,我就灭绝你的族类,掘平你的祖基!"触子为此十

第四章 抵巇

分伤心，准备让齐军战败。两军刚一交战，触子就鸣锣收兵，齐军败退，联军乘胜追击。触子驾一辆车而去，不知去向。接着，齐湣王又派另一位将领达子统帅残兵在齐城门秦周之地迎战五国联军。情势危急但无物犒赏战士，为了激励战士，达子派人向湣王请求赏金。湣王大发其怒说："你们这些无用的东西，怎能给你们金钱！"结果齐军与燕军一交战就败下阵来，达子战死沙场。乐毅抓住时机，乘胜进军，一举攻下七十余城，齐湣王仓惶逃奔卫国。卫君避舍称臣，但齐湣王仍以大国之君自居，傲慢无理，结果遭到魏国人的驱逐。后又前往邹、鲁等地，邹人和鲁人也拒绝接纳。最后只好奔莒。楚顷襄王派淖齿救齐，淖齿被齐湣王认命为相。可淖齿无心救齐，却有心与燕国瓜分齐国。最终齐湣王被淖齿抽筋，命归黄泉。

三、画地为牢

"画地为牢"比喻只能在规定的范围内活动。

此典出自司马迁《报任少卿书》："故土有画地为牢，势不可入。"

鬼谷子

西汉时,李陵战败投降匈奴,汉武帝非常恼怒。大臣中原来赞颂李陵士气旺盛的人,见此情况都反过来责骂李陵。唯独司马迁对李陵持有不同看法,他直爽地向汉武帝陈述了自己的意见。他说,我和李陵素来没有什么交情,各走各的路,但我看他的为人,很讲交情、很讲义气、恭敬俭朴。他常常想"奋不顾身"以殉国家的急难,确有国士的风骨。如今李陵出了问题,大家都全盘否定他,我实在想不通。这次,李陵只带五千步兵,深入敌境,竭尽全力地杀杀敌,把个人的生死置之度外。他与单于打仗十多天,杀敌之数超过了自己军队的人数,杀得匈奴全都恐惧不已。匈奴单于在这种情况下,动员全国军事力量,共同攻击李陵,在敌强我弱的情况下,李陵辗转战斗,拼死鏖战,最后因箭射完了,粮食吃光了,归路被切断了,士兵很多伤亡了,才被迫停止战斗。他的投降实在处于迫不得已,他不是真投降,而是想等待有利时机报答国家。司马迁最后还说,李陵的功劳也可以抵补他战败的罪过。武帝听了司马迁的话,大发雷霆,立即把司马迁关进了监狱。而廷尉杜周为了讨好武帝,对司马迁施行了当时最残酷、最耻辱的"腐刑"。

第四章 抵牾

司马迁因身体和精神受到严重的摧残,内心极为痛苦,很想一死了之。但他冷静一想,如果真的死去,在达官贵人的眼中,也不过像"九牛亡一毛,与蝼蚁何以异?"那样死了不但得不到同情,反而让天下人耻笑。他认为"人固有一死,或重于泰山,或轻于鸿毛",为什么要轻易了结自己的生命呢?至于人身受到侮辱,是完全在意料之中的事。他想到猛虎在深山里为王时,百兽见了都非常害怕,一旦被关进槛圈坑阱之中,也只得向人摇尾乞食,"故士有画地为牢,势不可入……",如今我已被关进了监牢,有什么办法呢?历史上的王侯将相,如文王、李斯、韩信、魏其都受过侮辱,何况我们这些人呢!因此他决定坚强地活下去,忍受奇耻大辱,效法文王、屈原、左丘、孙子等人,在自己剩下的岁月里从事著述。由于艰苦、顽强地努力,他终于写成了《史记》这部伟大的著作。

四、十二金人

人们用"十二金人"纪咏秦始皇统一中国的事件。有时也用来比喻建功立业。

 鬼谷子

此典出自《史记·秦始皇本纪》:"分天下以为三十六郡,郡置守、尉、监。更名民曰"黔首"。大酺。收天下兵,聚之咸阳,销以为钟鐻,金人十二,重各千石,置廷宫中。"

公元前221年,秦王嬴政经过南征北战,先后消灭了韩、赵、魏、楚、燕、齐之后,结束了诸侯割据称雄的混乱局面,统一了天下,建立起专制主义的中央集权,这就是强盛一时的秦王朝。为了加强统治,他把天下分成三十六个郡,郡里设置郡守掌管一郡政事、郡尉辅佐郡守并主军事、监御史监视郡守,不把老百姓称为"民"了,而称为"黔首"。举国上下饮酒同庆。把天下所有的兵器都收到咸阳。这些兵器被熔化后铸为乐器及十二尊铜人,每个铜人重约千石,摆放在宫廷中。

五、桀犬吠尧

"桀犬吠尧"的意思是说,桀是夏代暴君,他养的狗也向尧这样贤明的君主狂吠。人们用它比喻不分善恶;或用它比喻不辨黑白一心为主子效命。

第四章 抵巇

此典出自《汉书·邹阳传》:"今人主诚能去骄傲之心,怀可报之意,披心腹,见情素,堕肝胆,施德厚,终与之穷达,无爱于士,则桀之犬可使吠尧,跖之客可使刺由,何况因万乘之权,假圣王之资乎!"

汉代,有一个能言善辩的人,叫邹阳。当初,吴王刘濞广招天下游说之士,邹阳和枚乘等人在刘濞的宫廷做文学侍从之臣。后来,刘濞妄图起兵叛乱,邹阳上书劝谏。但是刘濞不肯听劝告,邹阳无奈只好离开他,投靠梁孝王。邹阳足智多谋,但是性情孤傲,与人相处不够随和。因此,遭到同僚羊胜、公孙诡等人的怨恨,他们在梁孝王面前面般谗毁邹阳。梁孝王一怒之下,把邹阳关进监狱,打算杀掉他。邹阳从狱中上书梁孝王,向他剖白自己的一片忠心。

邹阳写道:"您如果确能克服骄傲的态度,做到虚怀若谷,与人披肝沥胆,推心置腹,以诚相待,施以恩德,不论处在什么情况下,都与人有难同当,有福同享,对士人慷慨大方,决不吝惜钱财、自私自利,那么,即使是夏桀的狗也可让它向尧狂吠,盗跖的门徒也可让他去刺杀有道德的高士许由。更何况您握有一国的权柄,依赖着君王的资格和威望呢!"

鬼谷子

六、口蜜腹剑

"口蜜腹剑"用来形容那些口是心非、阴险狡诈的伪善者。

此典出自《资治通鉴·唐纪》:"口有蜜,腹有剑。"

唐玄宗的宰相李林甫,很好才艺,字画也好;但作风不正,品德不好。只要才能比他强,声望比他高的人,他都非常嫉妒,于是就想方设法地暗害人家。他和人们交往时,表面上总是装得非常忠厚和善,说起话来甜言蜜语,但实际上秉性狡猾,诡计多端。别人有事求他,他总是爽快地答应,毫不推辞。可是别人走后,他不但不给人办理,反而想方设法进行破坏。他对皇亲国戚,尽量阿谀奉承;对地位比他低的人,稍不如意便加陷害,"虽老奸巨猾,无能逃其术者"。他在朝十九年,全都是以奸诈的手段待人。人们在长期的生活中认清了他的本质,所以就称他为"口有蜜,腹有剑"的人。

七、狼子野心

"狼子野心"的本意是说,狼崽虽小,却具有凶恶的本性。后人们用它比喻凶恶残暴的人野心难以抑制和驯服,或者用来比喻狠毒的用心。

此典出自《左传·宣公四年》:"谚曰:'狼子野心。'是乃狼也,其可畜(xù)乎?"

春秋时期,楚国司马子良生了个儿子,起名叫子越椒(又称子越)。子良的哥哥令尹子文说:"一定要杀掉这个孩子。你看,这个孩子有熊虎的形状,豺狼的声音。如果不杀掉他,他一定会毁掉我们若敖氏家族。俗话说:'狼崽子虽小,却具有凶恶的本性。'这个孩子是一条狼,难道能养着他吗?"子良反对杀掉子越椒。子文把这当成一件很大的愁事,他在临死的时候,把全家族的人都找来,对大家说:"子越椒如果执政,你们要赶紧离开楚国,以免遭到灾祸。"他还哭着对众人说:"鬼尚且要求食物。若敖氏的鬼,可能要挨饿了吧?"令尹子文死后,他的儿子斗般(即斗班,又称申公斗班,字子扬)做令尹,子越椒做司马,一个叫䓍贾的人当了

鬼谷子

掌管百工的长官——工正。不久,芬贾诬陷斗般并杀了他,子越椒做了令尹,芬贾自己做了司马。子越椒非常厌恶芬贾,就把芬贾杀掉了。这年秋天,子越椒带领若敖的人,同楚王的军队作战。经过几次交战,楚王的军队灭掉了若敖氏。

八、利用敌军的尸体

战国时期,有一次,齐国的军队进攻赵国的廪邱。赵国派孔青率大军前往救援。

双方在廪邱展开激战。结果齐军遭到惨败,有2000多人被俘,还抛下了约30000具尸体。赵国的军队把敌人的尸体堆得像山一样高,以此来炫耀自己的胜利。

与孔青一同率军的宁越看到后,不以为然。他对孔青说:"这样做太不值得了,还不如把这些尸体归还给齐国,利用这些尸体,从内部给敌人一个更沉重的打击。"孔青不明白,就问:"死人的尸体,怎么还能用来打击敌人呢?"

宁越说;"这约30000具尸体送还齐国后,齐国就要从他们的国库中拿出大量的财物来,用于尸体的葬

第四章 抵巇

礼，使他们的国力受到消耗。这不就是利用死尸打击敌人吗？""那么，如果齐国不接收尸体，您的计划不就落空了吗？"孔青问道。

宁越说："按一般的情况看，齐国一定会收回尸体。然而，即使齐国不接收尸体，打击敌人的目的一样能够达到。"孔青问：""这是怎么回事呢？"宁越掰着手指对他说："齐国与我国交战，战而不胜，是他们国君的第一条罪状；大量的士兵和将领出国作战，却只有一部分人返回家园，其他的人横尸沙场，这是他们国君的第二条罪状；我们归还齐国尸体，而齐国不接收，使死去的齐国将士作异乡之鬼，那么齐国的国君就又有了第三条罪状。齐国的老百姓，就必定会因为这三件事而怨恨他们的国君。这样一来，齐国的国君，就无法统辖他的将士和他的百姓，他的将士就不会再为国君拼死效力，他的百姓就不会再全力支持国君的号令。上下分崩离析，这些都是心理上的进攻，同样可以给敌人造成沉重的打击。"

后来的人们评价这件事时，都称赞宁越文武双全，说他不仅能够靠武力取胜，还会利用人伦道德的力量打击敌人。

 鬼谷子

九、娶谁做妻子

战国时期,有两个名声很大的谋士,一个叫张仪,一个叫陈轸。他们俩曾经有一段时间,都在秦国国君秦惠王那里任职,但是他们俩之间分歧很大,不能很好地合作。

一次,张仪对秦惠王说陈轸的坏话,说:"陈轸把我们秦国的内情告诉了楚国,所以楚国总希望陈轸到那里作官,我不能同这样一个人共事。"秦惠王问:"你说这话,有什么根据吗?"

张仪说:"当然,他想离开秦国到楚国去,这就是最好的证据。不信,君王您可以设法了解一下,如果他真的想去楚国,请您当机立断,处决了他。"

过了不久,秦惠王把陈轸叫进宫里,问他说:"你是不是想去什么地方呀?可以对我说说吗?"陈轸见秦惠王突然想起问这个问题,就估计是张仪对秦惠三讲了什么,而自己的确要在近期去一下楚国,就直率地说:"我近期想去一趟楚国。"

秦惠玉说:"张仪对我讲的果然不错。你在我们的

第四章　抵巇

敌国楚国的名声很好，是不是常把我们国家的内情泄漏给他们？"

陈轸此时已经想好了对策，从容地回答："话不能这样说。楚国的确是几次想招用我，希望我到他们那里任职。但这正是因为我忠实于自己任职的国家的缘故，如果是经常把所在国的机密泄漏出去的人，谁会愿意任用他呢？也许国君您也听到过这样一个故事：有一个男人，有两个妻子。另外一个男人，向他那个年纪稍大的妻子求爱，被拒绝了；然后他又向那个年纪稍小的妻子求爱，她一口答应了他。正在这时，第一个男人死了。有人问那个求爱的男子将选择两个遗孀中哪一个作自己妻子，他毫不犹豫地回答说要选择那个年纪大的。问的人奇怪，不是那个年纪大的曾拒绝过你，而年纪小的对你表示好感了吗？求爱的男人说：'正因为这样，我才选择那个年纪大的，她更可靠。而别人一求爱就满口答应，这样轻浮的人怎么能做妻子呢？'

陈轸讲完了故事，对秦惠王说："如果我经常把秦国的秘密泄漏出去，楚国还愿意要我这样的人到他们那里任职吗？"秦惠王听了，觉得是这个么理，反而更信任陈轸了。

237

鬼谷子

一〇、贾诩谏君

文帝曹丕即帝位后,任贾诩为太尉,晋升爵位为魏寿乡侯,增加食邑三百户,连同以前的共八百户。还分出食邑二百户,封他的小儿子贾访为列侯。任用他的长子贾穆为驸马都尉。文帝询问贾诩道:"我想要征伐不从命的人以求统一天下,你以为对吴国、蜀国应当先讨伐哪一个呢?"贾诩回答说;"夺取领土首先要靠武力,建立根本大业要崇尚德行教化。陛下上应天命接受禅让,安抚天下,假如用德化文教来安抚民众以等待变化,那么平定他们就不难了。吴、蜀虽是区区小国,但它们依靠山川险阻,且刘备英雄才略,诸葛亮善于治理国家,孙权懂得敌我的虚实,陆议善于洞察军事形势,他们据扼关险、固守要冲,泛舟于江湖之上,这些都表明难以一下子取胜。用兵之道,要先有取胜的把握,然后再战,要充分估量敌人,考查对方的将领,这样打起仗来就不会失策。我私下料想我们的群臣中,没有刘备、孙权的对手,即使陛下御驾亲征,也不见得万无一失。从前舜帝舞动干戚而使有苗降服,臣认为如今应该

首先用文治,然后用武功。"文帝没有采纳他的建议。后来发动江陵之战,死去许多士兵。

一一、说服秦将白起

战国中期,秦国经过商鞅变法以后,国力增强,积极向外扩展,慢慢合并其他六国。公元前294年,秦向韩进攻,攻取了武始、新城等地。第二年,韩魏联军抗秦,在伊阙(今河南洛阳市南)交战,秦将白起大败魏将犀武,又攻取了赵国的蔺和离石两个地方。战后不久,秦又派白起进攻魏(梁)国。

秦国的强大,引起周天子的不安,一班谋士便纷纷为他献计献策。

有一次,纵横家苏厉对周天子说,秦军之所以连打胜仗,都是因为秦将白起太厉害了。应该派人去说服白起,叫他不要这样做了。怎样才能说服白起呢?苏厉出主意说,应该对白起说以下这番话:

"楚国有个人叫养由基,是一个神射手。射距离百步以外的柳叶,百发百中。围观的数千名观众,都夸他善射。可是,旁边有一个人却说:'射得不错,假如再

鬼谷子

受点训练和点拨,那就更好了.'养由基十分生气,扔开弓,握紧剑,说:'就你?还能教我射箭吗?'那个人不慌不忙地回答说:'不敢,我不能教你射箭时左手如何伸直、右手如何弯曲等类的技法。可是我想距离柳叶百步去射,能够做到百发百中,已经很了不起了,应当见好就收,及时停止射击。不然的话,一会儿气衰力竭,弓、箭发射不准,这一发没有射中,此前一百发的成绩就全都被埋没了.'同样道理,将军您已经攻破韩国、魏国,打败了魏将犀武,又北取赵国的蔺和离石两个地方,功劳真的不小啊!现在又领兵出塞,借道两周(西周和东周)之间,背对韩国,攻打魏国,这样很危险。假如这一仗打败了,那么以前的功劳就不复存在了。您不如假装有病,不要出兵攻打魏国。"

一二、萧望之之死

萧望之,字长倩,东海兰陵(今山东枣庄东南)人,后徙杜陵。家世以田为业。至萧望之,好学,研究齐地所传《诗经》。又习《论语》、《礼服》等,成为专家,受到京师诸儒的尊重。汉昭帝时,大将军霍光秉

第四章 抵巇

政,诛杀上官杰之后,出入皆列兵自卫。召见吏民时,要先搜身,然后两吏夹持而见。长史丙吉推荐萧望之给霍光,霍光召见萧望之,两吏夹持萧望之而进。而萧望之却受不了这个规定,大闹大嚷,宁愿不见霍光也不愿受人挟持。霍光听见萧望之吵闹,赦吏勿挟持。萧望之到霍光面前说:"将军以功德辅幼主,将以流化天下,致于治平,足以使天下之士延颈企踵,争愿自效,以辅高明。今士之见者皆先露索挟持,恐非周公相成躬吐握之礼,致白屋之意。"霍光很不高兴,独不提拔萧望之,而任用其他几人,萧望之被派去守宫门,同门对他说:"不肯碌碌,反抱关而守邪?"萧望之说:"各从己志。"

霍光去世后,萧望之见霍家权势极盛,有衰败之兆,便上书陈灾异之变。后霍家被灭,萧望之开始受到重用。汉宣帝见萧望之精明持重,议论有余,材任宰相,想试一下萧望之的为政能力,便委任萧望之为左冯翊。萧望之为左冯翊三年,受到人们的称赞,宣帝延他为大鸿胪,向朝廷之建议屡被采纳。后萧望之因非难耿寿昌建长平仓,又和丞相丙吉争执,宣帝不悦,左迁萧望之为太子太傅,以《论语》、《礼服》教授皇太子。

汉宣帝病重时,选大臣之可属以后事者,召外家亲

鬼谷子

属侍中乐陵侯史高、太子太傅萧望之，少府周堪至禁中，拜史高为大司马车骑将军，萧望之为前将军光禄勋，周堪为光禄大夫，皆受遗诏辅政，领尚书事。汉宣帝去世后，汉元帝即位，萧望之和周堪做过元帝的老师，因而颇受尊重，数次被汉元帝设宴召见，言治乱，陈王事。萧望之又推荐刘氏宗室刘更生（刘向）和侍中金敞并拾遗左右，四人同心谋议，规划朝政，汉元帝对他们也比较信任。

当初，汉宣帝在世时，不太注重儒术，而多用法律之士，中书宦官开始参予政事。中书令宦弘恭、石显久典枢机，明习文法，也和车骑将军史高相为表里，论议朝政常持故法而不从萧望之等人。弘恭和石显二人不能持正公平，多挑起事端。萧望之以为，中书为国家政治之根本，应选用贤明的人来充任。自汉武帝游宴后庭，为图省力而开始任用宦官，但此非汉家旧制，又违背不近刑余之人的古训。因此，萧望之向元帝建议中书官应选士人充任。而此举正和史高、弘恭，石显之辈相抵触。当时，汉元帝刚即位不久，谦让而重改作，讨论了很久而不能确定下来，刘更生反而被他们排挤出去任宗正之职。

第四章 抵巇

萧望之和周堪是当时很有威望的学者，数次向汉元帝推荐名儒茂材以充任谏官。会稽（今浙江绍兴）人郑朋暗中想依附萧望之，向汉元帝上书告发车骑将军史高派遣门客在郡国地方图谋奸利，以及许家和史家子弟的各种罪过。元帝接到郑朋的奏折后，拿给周堪看，周堪请元帝让郑朋待诏金马门。郑朋又上奏赞扬萧望之说："将军体周、召之德，秉公绰之质，有卞、庄之威，至乎耳顺之年（六十岁），履折冲之位，号至将军，诚为士人之高致。窟穴黎庶（平民）莫不欢喜，都说国家委任将军诚得其人也。"萧望之接待了郑朋。郑朋几次在朝堂称述萧望之，而攻击车骑将军史高，谈许氏和史氏的过失。

后来，郑朋行为倾邪阴险，萧望之便和他断绝了来往。郑朋和大司农史李宫俱待诏，周堪只推荐了李宫为黄门郎。郑朋因此心怀怨恨，转而投靠许、史两家，将以前的事情都推到别人身上，说："这都是周堪和刘更生他们教我的。我是关东人，怎么知道这些事情？"侍中许章向汉元帝引见了郑朋。郑朋出宫后，扬言说："我见了皇帝陛下，谈了前将军的五个小过失，一个大罪。中书令在旁边，知道我是怎么讲的。"萧望之听说

 鬼谷子

后,去问弘恭和石显。弘恭和石显怕萧望之自己向汉元帝倾诉,而使这件事由他人处理,便挟制郑朋和待诏华龙。华龙在宣帝时也是待诏,品行不端,升不上去。想投靠周堪等,不被接纳,这时便和郑朋相勾结,弘恭和石显命他二人向汉元帝告萧望之等人准备斥退车骑将军史高和许、史二家,趁萧望之放假回家休息,让二人入宫上奏。汉元帝将此事交给弘恭处理,萧望之回答说:"外戚之在位者多奢侈淫靡,这样做是为匡正国家,非为个人。"弘恭、石显便告"萧望之、周堪、刘更生等结为朋党,互相称举,数次诽谤大臣,诋毁间离陛下的亲戚,欲以专擅权势,为臣不忠,诬上不道,请谒者召致廷尉。"当时,汉元帝刚刚即位,不知道"谒者召致廷尉"的意思就是下狱,便同意了。后来,元帝要召见周堪和萧望之,左右回答说已关进了监狱,元帝一听大惊,说:"不是讲光廷尉查问一下吗?"召责弘恭和石显,二人皆叩头道歉。元帝下令让二人出狱视事。弘恭和石显去找史高,让史高对汉元帝说:"皇上刚刚即位,未以德化闻于天下,而先验师傅。既然已经将九卿下狱,那就应当审问清楚。元帝便下诏说:"前将军萧望之傅朕八年,没有其它罪过,今事已久远,志忘难明。

第四章 抵牾

其赦萧望之罪,收前将军光禄勋印绶,以及周堪、刘更生等,皆免为庶人。"而郑朋却当上了黄门郎。

几个月后,汉元帝又下诏:"国之将兴,尊师而重傅,故前将军萧望之傅朕八年,道以经术,此功劳非小。其赐萧望之关内侯,食邑六百户,坐次将军。"汉元帝正想倚重萧望之,任萧望之为丞相,正赶上萧望之的儿子萧极上书讼父亲无罪,事下有司,复奏"萧望之教子上书,称引《诗经》,失大臣之体,不敬,请逮捕。"弘恭和石显知道萧望之平素志节高尚,不肯受任何屈辱,便对汉元帝说:"萧望之为将军辅政,想排斥许、史二家,专擅朝政。幸得不被治罪,又赐以爵位,与闻政事,不悔过服罪,则圣朝天以施恩厚。"汉元帝说:"萧太傅平素十分刚强,怎么肯让狱吏去审问他?"石显便哄骗汉元帝说:"人命至重,萧望之只是犯了言语之罪,不会有什么事。"汉元帝便同意了。石显等见诡计得逞,立即将诏令交给谒者去敕令萧望之接旨,一面令太常赶快调发执金吾所属军队包围萧望之的家。使者至,召萧望之,萧望之想自杀,夫人拦住了他,以为此非天子之意。萧望之问门生朱云,朱云是个节烈之士,劝萧望之自杀。于是,萧望之仰天长叹,说:"我

 鬼谷子

曾经备位将相,年过六十,老而入狱,苟求活命,那样不是太没有一点骨气了吗?"之后便喝药自杀了。汉元帝知道后大惊,说:"我本来就知道他不肯就牢狱。你们果然杀了我的师傅!"元帝当时正在吃饭,气得连饭也吃不下,哭了起来。之后又召石显等人问情况。石显见奸意已逞,又摸透了元帝的脾气,只是免冠而谢。汉元帝虽然为师傅的死而悲伤,却不知道将罪魁祸首石显等人治罪,实在可悲。

一三、周武王积累德行

周武王建立周朝、做了天子以后,四方各国都来朝拜他。那时距离周朝很远的地方有个小国叫西戎。西戎国派使臣来庆贺武王,并送给他一条大狗。这狗有四尺多高,是西戎的土产,武王非常高兴地收下了。这时候武王身边的太保召公对他说:

"这是您的圣德呀,四方都归服于您,无论远近,都把当地的土产、方物送给您。您也应该对他们分封赏赐,把珍宝、玉器赏给同姓之国,以显示信诚。玩物这东西谈不上贵贱的,关键在于德行。无德,物也不值

第四章 抵巇

钱；有德，物才显得贵重。盛德要靠自己修养，圣主不可以沉浸在声色之中，把人当做玩物加以戏弄，会丧失德行；把稀罕物件当做玩物加以赏玩，会丧失志气。这就是'玩人丧德'、'玩物丧志'。犬马这类东西不是本地所生的，不应畜养它；珍禽异兽没有什么用途，也不该养它；远来的珍宝不要那么稀罕它，不要人家的东西，人家才会归顺你。最要紧的是爱惜贤能之人，这是国家安稳的根本大计呀。君主应该随时积累德行，从早到晚都要想着德行，不要忽视细微的行为，大德都是从小德积累而来的。比如筑起一座九仞高的土山，要一筐土一筐土地堆积。当堆到差不多的时候，只差一筐土就达到九仞高了，可是这最后一筐土你没有加上去，结果就没有堆成。您是一个圣君，如果从这些方面严于律己，就可以世世代代稳坐天下

武王听信了召公的劝谏，从那之后便专心治理朝政。

一四、失之毫厘，差以千里

赵充国是汉宣帝在位时的一员老将，在平定边境叛乱的战争中屡建战功。

 鬼谷子

　　有一年，西北边塞的羌人又入侵城邑，杀兵斩将。于是汉宣帝命令赵充国去平定叛乱。赵充国带领大军，坚守营垒，一天，他捉住一个羌兵，羌兵交代说："我们首领说，赵将军是八九十岁的老将，擅长用兵，我们要决一死战！"赵充国就告诉羌人说：

　　"我们大军前来是讨伐有罪的人，不杀无罪的人，你们若是杀掉有罪的大首领，天子赏钱四十万；杀掉有罪的中首领，赏钱十五万；杀掉小首领，赏钱二万。"接下来，赵充国又把捕获的男女羌人释放了，搜刮来的财物也还给他们，无辜的羌人非常感激。

　　由于赵充国采取了安抚的办法，不轻率地使用武力攻杀，深得民心。不久就有一二万人投诚，赵充国还打算在边境屯兵垦植，等待羌人归顺。可是汉宣帝命令他马上平定边事，一连下了几封诏书，让他剿灭羌兵。赵充国认为这样做并不合适，就给皇帝写信，谈出自己的意见。赵充国的儿子赵卯，听到这个消息，立刻派人劝说父亲：

　　"领兵杀敌，破阵攻城，是将军的职责，既然皇帝叫你出兵你就出兵好了，还和皇帝争论什么？万一违逆皇帝的心意，派来御史办你的罪，你连自身就很难保

住。那时候还谈什么国家的安危呢！"

赵充国感叹地说：

"我是一片赤诚之心啊！我对皇帝没有不忠的地方。皇帝事先假若听我的意见，哪能出现这种局面？我举荐辛武贤，他们却派义渠安国当统帅，最终被杀得大败而回。以前这里的谷子价钱便宜，我建议买三百万石存起来，羌人想叛乱也闹不起来。最后仅仅买了十万，还让义渠安国耗费去一半。做错了两件事情，致使羌人发生叛乱。真是失之毫厘，差之千里呀。目前边境危机四伏，假如他们连续闹事，再能干的将领也是难于扭转局势的，让人担忧的何止羌人一伙呢！因此我要死守边塞，我相信皇上会明白我的意思的……"

赵充国连续给汉宣帝写了几封信，耐心地说明自己的意图，汉宣帝才答应了他的请求。后来赵充国在边塞屯兵，最后真的收到了很好的效果。

一五、丁鸿杜渐防萌

东汉，丁鸿，字孝公，颍川定陵人。汉和帝（刘肇）即位后，丁鸿被任命为太常。永元四年（公元92

年），当上了司徒。当时，窦太后独揽大权，她哥哥窦宪等人都被封为文武大员，权势极大。看到这种情形，丁鸿非常担心，认为窦氏兄弟权势过大，是产生祸乱的根由。一次，发生了日食，丁鸿以日食为契机，上书皇上，陈述利害。

丁鸿写道："有些人的行为违背了天的旨意，其结果就会在天上反映出来。天网恢恢，疏而不漏，有些人的计谋再诡秘，神灵也看得一清二楚，并且显示征兆，让君主知道，以示惩戒。近来，不到农历十五日，月亮已经圆了，过了十五日，月亮还不亏缺。这种天象说明臣子骄横过度，已经背弃君主，独断专行了。陛下对此没有觉察出来，所以上天屡次显示征兆，以示惩戒。我们君臣都应对此感到惶恐，加强重视，以防止祸患的发生。《诗经·大雅》上说，'敬畏天的震怒，不敢偷懒自逸啊。'如果陛下勤于政事，身体力行，把隐患消除于萌芽状态之中，防患于未然，就会避免凶险妖妄之灾，除掉祸害，赢来福气。"

皇上采纳了丁鸿的建议，罢免了窦宪的大将军职务，后来窦宪和他的兄弟们都自杀了。

第四章 抵牾

一六、将军迷途知返

　　丘迟（公元 463～508 年），字希范，吴兴乌程（今浙江吴兴）人。南朝时曾在齐朝任殿中郎，后又在梁朝任中书郎、司徒从事中郎，由于有才华而出名。公元 505 年，临川王萧宏领兵北征魏国，魏国方面率军对抗的将领是陈伯之。陈伯之本是齐朝的江州刺史，曾抗击过梁武帝萧衍。到后来陈伯之投降梁朝，仍然担任江州刺史，被封为丰城县公。公元 502 年，陈伯之又率部投降魏国，任平南将军，与梁朝对敌。当时，丘迟在军中任记室。萧宏命令丘迟以私人的交情给陈伯之写信，并劝他投降。在信中，丘迟首先批评陈伯之忘恩负义投降敌人，接着申明梁朝宽大为怀不咎既往，最后指出敌我双方斗争的形势，以及陈伯之所处的危险境遇，从双方军事力量的对比中劝他投降。信中又以江南的美景来说服他，这是一篇委曲婉转、淋漓尽致的绝妙的骈体书信。陈伯之读信后深为感动，于公元 506 年 3 月在寿阳（今安徽寿阳县附近）率兵八千人归降梁朝。

鬼谷子

丘迟在《与陈伯之书》中讲一遍过去一些降将的功过之后写道:"况且,将军您没有这些人犯的罪过,而功绩又重于当代呢!误入迷途而知复返,这是前世的圣贤所赞同的;在错误的道路上走得不远而改过自新,这是古代典籍所嘉许的。现在皇上轻法重恩,法网宽疏,大得像一条能够吞舟的鱼;将军先人的坟墓之旁松柏森森,没有被损毁,将军的亲戚也都安然无恙。将军在梁的住宅未损毁,爱妾尚在。您心里好好想想吧,这还有什么可说的呢!"

一七、安兴贵招抚李轨

安修仁之见安兴贵先在长安,上表请求赴凉州招抚李轨。唐高祖对他说:"李轨占据河西之地,与吐谷浑连好,与突厥相结援,发兵讨伐,尚且很难,难道是孤单单一个使臣能够安抚得了吗?"安兴贵回答说:"李轨凶暴强大,确实如圣旨所说。现在若是用道顺的道理去晓谕他,并让他明白祸福的不同结局,他一定会顽固自负,不肯听从。为什么呢?我在凉州,累世都是豪门望族,那里的士庶官民,没有不依附的。我的弟弟也为李

第四章 抵巇

轨所信任,还有几十人掌管其枢密之职,依靠他们等待时机图谋李轨,易如反掌,没有不成功的。"高祖听从了他的话。

安兴贵到凉州后,李轨授予他为左右卫大将军,又向他询问保全的办法,安兴贵向他分析说:"凉州偏远,人物凋残,虽然有超过十余万的兵力,但开拓的地方不到千里,既无险固,又与境外少数民族相接,戎狄都是豺狼,与我们民族不同,在这种形势下还能坚持长久,实在感到怀疑。现在大唐王朝占有了京都,基本平定了中原,攻必取,战必胜,这是上天的启发,并非人力所能如此。现在如果全部将河西之地投降唐朝,那就是汉代的窦融也不值得一比的。"李轨沉默着不作回答,过了很久,对安兴贵说:"过去西汉时吴王刘濞以江左之兵,还称自己是'东帝';我现在拥有河右之众,怎不能称'西帝'。他们虽然强大,但能对我奈何?君为唐朝设计招诱我,以报谢他们的恩德罢了。"安兴贵害怕了,乃假装谢恩说:"我听说,富贵不在故乡,就如同穿着衣锦在夜间行走。我现在全家子弟都承蒙得到您的信任,咱们的荣庆是连在一起的,怎么敢起心再有别的想法。"

安兴贵知道李轨无法说动,便与安修仁等暗中商量引导各少数民族部众起兵推翻李轨,将要围攻李轨所在凉州城时,李轨率步兵骑兵共一千余人出城迎战。早先,有薛举的柱国奚道宜率领羌兵三百人逃亡到李轨军中,李轨答应让他当刺史但并没有授任他,对他们的礼遇又薄,所以他们深怀愤怒和怨恨。奚道直率所部人马与安修仁一起攻击李轨,李轨战败退回城中,领兵登上城垛子,希望有外援来救应。安兴贵宣布说:"大唐派我来杀李轨,不随我的要诛及三族!"于是各城老幼都出城诣见安修仁。李轨叹息说:"人心去了,真是上天要灭亡我吗?"带着妻儿走上玉女台,设下酒宴与城作别,安修仁抓住他并向唐朝报告。

一八、应高游劝胶西王

汉朝的朝官们正在议论削减吴国的封地,吴王害怕削减封地没有止境,因而想要找人商议反叛。

考虑到诸侯王当中没有可以值得商议计策的人,听说胶西王勇敢,喜欢打仗,各路诸侯都害怕他,于是就派中大夫应高用语言去劝胶西王说:"吴王鄙陋,有担

第四章 抵巇

忧的事情整夜挂念在心上，不敢自己到外边去，派使臣我来表明他的一片愚钝心迹。"胶西王说："有什么见教？"应高说："现在皇上任用了些邪恶的臣子，听信那些谄媚贼臣的话，改变法律条令，侵害削弱各路诸侯，要的东西越来越多，砍杀惩罚实在太重，而且一天比一天严重。有这样的话：'舔了糠就会吃到米。'吴国与胶西国是出了名的诸侯国，一旦被他们盯上，就难以安逸自在了。吴王身体内有病，不能到朝廷请安拜谒已经二十多年了，常常担忧被怀疑，没法去自我辩明情况，弯腰蹑足，还是害怕皇上不放心。私下里听说大王您因为在爵位方面的事情有点过失被削减封地，听说诸侯被削减封地，所犯的过失本不该削减封地，这就恐怕不仅仅是要削减封地了。"胶西王说："有这么回事，你打算要干什么？"应高说："有共同厌恶的东西就互相帮助，有共同爱好的就共同流连，有共同情怀的就互相唤求，有共同欲望的就相互结合，有共同利益的就结成死党。现在吴王自以为与大王您有共同的忧虑，希望能利用天时遵循常理，舍弃身家性命去铲除天下的祸患，您心里认为这行吗？"胶西王吓得四下张望惊恐地说："我怎么敢这样干呢！皇上虽然相煎太急，就算是我被杀了，哪能

鬼谷子

不守臣子的本份?"应高说:"御史大夫晁错蛊惑天子的心,侵害掠夺诸侯,压制忠良,堵塞贤能,朝廷中非常痛恨他,各路诸侯都有背叛的心意,人心所向已达到了极点。天上出现了彗星,地上生起了蝗虫,这是千百年才遇上一次的天赐良机,而天下愁苦劳顿,正是圣人发难起事的缘故,吴王认为在朝廷内必须杀掉晁错。在外边跟在大王您的战车后面,纵横驰骋于天下,所到的地方无不投降,所攻打的地方无不拿下,没有一个敢不服从的。大王您如果有幸许诺一句话,天下可以两分,两个皇上可以分土而治,不也是可以的吗?"西胶王说:"很好。"应高回去报告了吴王,还恐怕西胶王不实践诺言,于是就亲自作为使臣,到西胶王那里当面约定发难的事。

一九、杯弓蛇影

"杯弓蛇影"指因错觉而产生疑惧,形容疑虑多端,自相惊扰。

此典出自汉代应劭《风俗通义怪神》:"予之祖父郴为汲令,以夏至日请见主簿杜宣,赐酒。时北壁上有

第四章　抵巇

悬赤弩，照于杯中，其行如蛇，宣畏恶之，然不敢不饮。其日便得胸腹痛切，妨损饮食，大用羸露，攻治万端，不为愈。后郴因事过至宣家，窥视，问其变故，云畏此蛇，蛇入腹中。郴还厅事，思惟良久，顾见悬弩，必事也。则使门下史将铃下侍徐扶辇载宣于故处设酒，杯中故复有蛇。因谓曰：'此壁上弩影耳，非有他怪。'宣意遂解，甚夷怿，由是瘳平'"。

晋代人，乐广，字彦辅。有一天，他想起一位亲戚，已经很久没有往来了，于是叫人去问候。那位亲友回话：前一次他到乐广家里去拜访，在坐中乐广赐一杯酒给他喝，当他正要喝酒的时候，忽然看见酒杯里头有一条小蛇，当时引起他的不安，他十分勉强把酒喝下，没想到身体便生了毛病，一直没有痊愈。当时乐广家中厅堂的墙壁上面，悬挂着一具角弓，弓的上面，用漆油绘画成一条蛇的形状，乐广听过了那亲戚的回话之后，立刻想起所谓酒杯里的小蛇必然是因为那一具角弓，倒影映现在酒杯里，引起了那亲友的误会，竟把它当做是一条活蛇。于是他从此心里很不安，精神上受了威胁，便无病也生出病来。直到最后他再次邀请那亲戚，详细把这真相告诉他，他才恍然大悟，心中如释重负，那搁

鬼谷子

在他心里很久,仍然没法治得好的顽病,也当场一下子好了。

二〇、比肩接踵

"比肩接踵"意思是说肩膀连肩膀,脚跟挨脚跟。后人常用这句成语形容人多,拥挤。

此典出自《晏子春秋·杂下》:"张袂成阴,挥汗成雨,比肩继踵而在,何为无人?"

春秋时,齐国大夫晏子出使楚国。楚王依仗着自己大国雄师,因此十分看不起齐国,他又看到晏子身材矮小,其貌不扬,于是就便十分傲慢地问道:你们齐国难道没有别人了吗,怎么派了你这么个小矮子来?晏子回答说:"我们齐国到处都是人才啊,可谓是比肩继踵,大家扬起衣袖就能遮云蔽日,一齐挥洒汗水如同下雨,怎么能说没有人呢?不过我们齐国有个规矩:体面能干的使臣,出访上国,去拜望才高德重的君王,而像我这样的人,只好派到这里来见您了。"楚王本想讥笑晏子,结果反而被晏子一顿奚落,自讨没趣。

二一、变本加厉

"变本加厉"原意为比原来更加发展。今用以比喻情况比原来更加严重。多用于贬义。

此典出自南朝(梁)萧统《文选·序》:"增冰为积水所为,积水曾微增冰之凛。何哉?盖踵其事而增华,变其本而加厉,物既有之,文亦宜然。"

南北朝时,南朝梁武帝萧衍的长子萧统编撰了一部文学总集《文选》。它是我国现存的编撰最早的一部文学总集,共收录了周代至六朝七八百年间一百三十位知名作者和少数佚名作者的作品七百余篇(首),各种文体的主要代表作基本上都有。由于《文选》是一部选取前人文学著作的总集,阅读各家代表作品比较方便,因此受到封建知识分子的重视。到了后世,几乎成了他们必看的著作,甚至出现了"《文选》烂,秀才半"的谚语。

萧统在《文选》的序文中,对选编此书的重要意义以及选择标准作了介绍。他说:文学作品是社会生活的反映,但又是社会生活的升华,就像冰是由水凝成的一样,但它又"变本加厉",比水冷得多一样。

 鬼谷子

二二、病从口入，祸从口出

"病从口入，祸从口出"意指疾病是由于饮食不慎引起的，灾祸是因为语言不妥招来的。

此典出自《太平御览·人事·口》："福生有兆，祸来有端。情莫多妄，口莫多言。蚁孔溃河，溜沉倾山。病从口入，祸从口出。"

宋代太平兴国二年，宋太宗（赵炅）命李昉等十四人编撰《太平御览》一书，历时七年而成，共一千卷，分五十五门。这本书引用的材料非常丰富，保存了许多原始资料。其中有一处写到："福气的到来是有征兆的，祸害的到来也有其原因的。不要放纵情感多做不适当之事，也不要放松自己的嘴巴而多说话。蚁穴的孔隙能使河堤崩溃，小股的水流能够冲倒高山。疾病是由于饮食不慎引起的，灾祸是因为语言不妥招来的。"

二三、不痴不聋，不做家翁

"不痴不聋，不做家翁"用以比喻作为一家之主，对子侄辈的一些小过失，要装痴假聋，不必追究，否则

第四章 抵犊

大家庭就难以维系。

此典出自《北史·长孙平传》:"平进谏曰:'谚云:不痴不聋,不做大家翁。此言虽小,可以喻大。邳绍之言,不应闻奏。'又见《资治通鉴·卷二二四·唐代宗大历二年》:子仪闻之,囚暖入待罪,上曰:'鄙谚有之'不痴不聋,不为家翁',儿女子闺房之言,何足听也?'"

唐代,爆发了著名的"安史之乱",又接连发生了回纥、突厥等少数民族入侵,唐皇被逼得几次逃难,郭子仪,多次打败乱军,使唐王朝转危为安。唐代宗李豫为了酬劳郭子仪,除了给他高官厚禄外,还把自己的女儿升平公主嫁给他的儿子郭暖为妻。小夫妻吵架的时候,升平公主摆起了公主架子。郭暖气愤地说:"你是公主又有什么了不起!皇帝不是全靠我爸爸出力才能坐稳皇位的吗?我爸爸还不稀罕做皇帝呢,要不然早就做了!"升平公主气得立刻跑回皇宫去向皇帝哭诉。郭子仪恐慌不已,郭暖的话如果被追究起来,是要满门抄斩的啊!于是他连忙把郭暖捆绑起来,并向皇帝李豫请罪。谁知李豫却不以为然地笑道:"俗谚说:'不痴不聋,不做家翁。'儿子、媳妇吵嘴说的话,大人何必计较呢?"一场天大的风波就这样平息了。

 鬼谷子

抵巇第二

事之危也,圣人知之,独保其用①,因化说事,通达计谋,以识细微,经起秋毫之末②,挥之于太山之本。

其施外,兆萌牙蘖③之谋,皆由抵巇隙,为道术④。

【注释】

①事之危也,圣人知之,独保其用:意思是说,只有圣人才具有敏感性和预见性,善于发现客体的矛盾与危险的存在,并能利用和对付它。

②秋毫之末:指秋季动物出生的细毛。比喻事物的微末。

③兆萌牙蘖:新出现的尚处于萌芽状态的问题。

④抵巇隙,为道术:意思是说,抵巇作为一种策略手段加以运用。

第四章 抵巇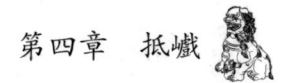

【译文】

当事情刚刚出现危险的迹象时,圣人就能发现,并能做到明哲保身。根据事物的发展变化趋势,辨别事物的道理,并且能制订可行的计谋,以此来辨识事物的细微征兆。事情开始露出危险迹象时,就像秋天鸟兽的毛一样细微,但任其发展下去,也能动摇大山的根基。

【感悟】

圣人对付外界变化,防患于未然的谋略,都是从堵塞漏洞这个道理中得出来的。因此从堵塞缝隙入手解决问题,是治道处世的实用大法。

【故事】

一、少年使臣

战国时期秦国的甘罗12岁,就做了宰相。这在古今中外的政治史上都是罕见的。

一次,秦国国君打算派一个叫张唐的大臣出使燕国和赵国,制造两国之间的猜疑和矛盾,迫使他们各自和秦国联合,以便逐渐统一六国。可是张唐心里害怕,因为他曾经替秦昭王攻打过赵国,赵国君曾扬言,谁如果

 鬼谷子

抓住张唐,就赏赐给100里的土地,所以张唐顾虑重重,正在这时,大殿里传出一个少年的声音:"大王,让我出使赵国,一定完成使命!"

秦昭王和文武大臣一看,原来是满脸稚气的小甘罗。他们感到有些好笑。秦昭王说:"你小小年纪,怎么能当使臣到别的国家去呢?"

甘罗不服气地说:"大王没听说项橐(tuó)7岁就做了孔子的老师,我今年12岁了,就让我试试吧。"

说得理直气壮,秦昭王又试探地问:"到了赵国,见了赵王你说些什么?"。

"使臣出国,重任在身。答辩应酬要做到随机而变,不辱使命,哪能预先定好了说什么呢?"

甘罗的回答,使秦王和大臣们感到惊异,暗暗佩服他的勇气和见识。其实,甘罗能出言不凡,与他从小受的教育是有关的。甘罗是甘茂的孙子,甘茂是个政治家,曾在秦国做过宰相,甘罗从小生活在爷爷身边,观察思索,耳濡目染,也就具备了政治家的气质。

秦王又问了一些别的情况,甘罗对答如流。秦王当即任命甘罗为使臣,让他带上10辆马车,100个人,到赵国去了。

第四章 抵巇

赵玉听说秦国使臣来访,赶忙出城迎接。一看这位使臣竟是个黄发小孩,心中十分不悦。但出于礼节,还是接待了他。

甘罗问赵玉:"燕太子丹到秦国去做人质的事您听说了吗?"

"听说了。"赵王说。

"秦国要派人到燕国去做宰相的事听说了吗?"

"也听说了。"

"燕王把太子送到秦国做人质,这表明燕国信任秦国;秦国又要派人到燕国做宰相,这表明秦国信任燕国。秦国和燕国互相信任,联合起来,赵国就很危险了。"甘罗故意停了停,看看赵正沉默不语,面带惧色,又用和缓的口气说,"不过,事情还可以补救。秦燕联合,没有其他特殊的要求,只不过想扩大在河间一带的地方。如果大王肯将这几座城池让给秦国,秦国马上就会和赵国友好,共同对付燕国,夺得比河间几座城池更多的地方。"

赵王听了,觉得甘罗的主意不错,当即答应了他的要求,把5座城池割给了秦国。后来赵国又从燕国夺得了30座城池。

鬼谷子

甘罗圆满完成了外交使命。秦王赞赏他的聪明才智,不顾一些大臣的阻挠、反对,果断地把12岁的甘罗封为上卿。

二、用赞扬的话进行批评

战国时期,魏国吞并了临近的小国——中山国后,魏国国君魏文侯,把这块新占领的土地封给了自己的儿子,而不是按照惯例,分给有战功的弟弟。

他这样做了之后,自己也有些心虚,怕人们议论,就故意在召集大臣们时发问说:"我是个什么样的君主呢?请大家说一说。"

大多数大臣都恭维地说:"您当然是仁君。"

但是有一位叫任痤的大臣表示不同意,他说:"君主夺取了中山之后,不封给有战功的弟弟,却封给了自己的儿子,这怎么能称为仁君呢?"

魏文侯听了,顿时满脸生出忿怒神色。任座见状,急忙离座而去。

这时,魏文侯又问身边的大臣翟磺,自己究竟是个什么样的国君。翟磺平静地回答说:"我认为您是位

仁君。"

魏文侯又问："你为什么这样认为呢？"

翟璜说："我听说，哪个国家的君主贤明仁厚，这个国家的大臣就耿直，不隐瞒自己的观点，刚才任痤说话十分坦率，我就是根据他的举动，认为您是位贤明仁厚的国君。"

这种含着批评的赞扬，使魏文侯内心有所触动。于是，他叫翟璜立即把任痤请了回来，并亲自下堂迎接，还把他待为上宾。

三、从善如流

战国时期，齐国公子孟尝君是门客众多、很有声望的四大公子之一。

一次，孟尝君外出巡游各国，来到了楚国。楚国国君准备送给孟尝君一张精制高贵的象牙床。

一个姓登徒的人，奉命去送床，可是他不愿让楚国的宝物流落国外，就去找孟尝君的门客公孙戌，对他说："我是鄂都人姓登徒，被差遣送象牙床。可是象牙床价值千金，很不好搬运。如果损坏了一点儿，我就是

鬼谷子

卖委卖子，也赔不起。先生若是能让我不干这件事，我有一口名贵的宝剑，情愿送给您。"

公孙戍觉得这个交易不错，就对孟尝君说："您难道要接受楚国的象牙床吗？"孟尝君说："是的。"公孙戍说："但是，我认为您还是不接受的好。"孟尝君问："这是为什么呢？"

公孙戍对他说："其他小国之所以都尊重您，把相印送给您，那是因为听说您在齐国能够救济贫穷的人，曾有过使将亡之国生存下来，把断绝的宗庙之火继续点燃的正义行为。小国的英豪俊杰都把国事委托给您，是因为喜欢您的义气，仰慕您的廉洁。现在您到了楚国，就接受象牙床，那些还没去的国家会怎么想呢？他们得拿什么更贵重的东西送您呢？所以我希望您不要接受楚国的馈赠。"

孟尝君听从了公孙戍的劝说，公孙戍便兴冲冲地告辞而去。可还没出屋，孟尝君突然叫住了他，问道："你叫我不要接受象牙床，这很好。可是今天你为什么脚抬得这么高，心里这么高兴呢？"

公孙戍回答说："我今天有三件大喜事，又得到了一口宝剑，所以高兴。"孟尝君问："你这话是什么意思?"

公孙戌说:"您的门客有100多人,没有谁敢来劝阻您受礼之事,只有我敢来提意见,这是我的第一件喜事。提了意见就被您采纳了,这是我的第二件喜事;您接受了劝阻,就可以防止犯错误,这是我的第三件喜事。运送象牙床的人,有些为难的事。我帮他解决了,他曾答应要送我一口宝剑。"孟尝君说:"那好啊,你接受了吗?"、公孙戌说:"我不敢要。"孟尝君说;"你可以接受。"

待公孙戌走后,孟尝君在门板上写了个告示;"凡是能指出我的缺点,劝阻我犯错误的人,不论他个人私下有什么缺点过错,我都不追究,请大伙都能向我提意见。"

四、食鱼无

"食鱼无反"的本意是,吃鱼的时候,不要把反面也吃光。后人用它劝诫国君不要耗尽民力。

此典出自《晏子春秋》:"景公游于纪,得金壶,乃发视之,中有丹书,曰:'食鱼无反,勿乘驽马。'公

曰：'善哉！如若言，食鱼无反，则恶其腥也；勿乘驽马，恶其取道不远也。'晏子对曰：'不然。食鱼无反，毋尽民力乎！勿乘驽马，则无置不肖于侧乎！'公曰：'纪有书，何以亡也？'晏子对曰：'有以亡也。婴闻之，君子有道，悬之闾。纪有此言，注之壶，不亡何待乎！'"

这段话意思是说：

春秋时期，齐景公巡视纪地（今山东寿光县南），当地老百姓把从地下挖到的一只金壶献给景公，景公叫人把壶盖打开，发现壶里面藏有两片竹简，上面用红漆写着八个字："食鱼无反，勿乘驽马。"齐景公说："写得真好？食鱼无反，吃鱼时吃了一面不要把另一面也吃光，可以防止鱼腥太重；勿乘劣马，因为劣马不能走远路。"晏婴对他说："您说的不对。'食鱼无反'，告诫后代的国君不要耗尽民力！'勿乘驽马'，是忠告国君不要把小人放在自己的身旁！"齐景公问道："按照你的意思，纪国的国君有此丹书，应该是很有远见的人了，但是纪国为什么会在我执政的一百多年前就被齐国灭掉了呢？"晏婴回答道："纪国灭亡是有原因的。我听说，贤明的国君，应把自己的主张写在竹简上，张挂在城门上、里弄口,让全国的百姓都知道。而纪国的国君虽然有好的主张,却把它藏在金壶里,埋在地下,这样一来老百姓根本不知道,所以纪国除亡国之外,还有什么选择呢!"

五、尾大不掉

"尾大不掉"是说尾巴太大就不好摇动,比喻部下势力强大,不听从调动指挥。

此典出自《左传·鲁昭公十一年》:"末大必折,尾大不掉,君所知也。"

春秋时期,楚灵王消灭了陈、蔡两个小国之后,准备在蔡设置城邑,派楚公子弃疾担任蔡公,管理蔡地的事务。当时,楚公子弃疾已经手握重权,名闻诸侯,如果再让他担任蔡公,掌管蔡地,就像是为虎添翼,留下隐患。为此申无宇委婉地说:"最了解儿子的莫过如父亲,最了解臣子的莫过如君王,公子弃疾是大王的儿子,如何安排是大王的事。不过我听说从前郑庄公建栎城,后来两个儿子争王位,盘踞在栎城的那个最终夺得王位。相反,齐桓公建谷城,派外人管仲掌管城中事

务，到今天仍然平安无事。这就是亲贵大臣不宜出任地方官，逃亡来的臣子不宜担任朝中要职的原因啊！大王难道不应该再认真考虑吗？"

楚灵王听后，沉吟了一会儿，然后又问道："一个国家除了都城外，如果另外还有一座大城，那将会怎样呢？"申无宇回答说："历史上诸侯各国据大城反叛的例子很多，从前郑庄公的弟弟段据京城反叛，守国的大臣据萧、亳异地杀了君主子游，齐大臣雍廪据渠丘杀齐君无知，卫大臣宁殖、孙林父据蒲、戚异地驱逐了国君。因此一个国家别外还有一座大城是非常危险的，就像树枝的末端过重会折断，动物的尾巴过大难以摇动一样，这些简单的道理，大王应该知道（"末大必折，尾大不掉，君所知也"。)"

但楚灵王最终还是拒绝了申无宇的劝告，坚持让弃疾担任陈蔡公，负责陈、蔡地的事务。

六、狼狈为

"狼狈为奸"比喻坏人互相勾结，一起做坏事。

此典出自唐·段成式《酉阳杂俎》："或言，狼狈

第四章 抵巇

是两物。狈前足绝短,每行常驾于狼,无狼则不能动。故世言事乖者称狼狈。"

这段话意思是说:据传说,狼和狈是同一类动物。狼的前腿长,后腿短;狈则相反。狈每次出去,都必须依靠狼,把它的前脚搭在狼的后腿上才能行动,否则就寸步难行。

狼和狈常常联合起来去偷吃牲畜。狼用长长的前脚,狈用长长的后脚,它们互相配合,既跑得快,又站得高,这样就能翻进羊圈,把羊偷走了。

七、两面三刀

"两面三刀"比喻耍两面手法,当面一套,背后一套。

此典出自《红楼梦》六十五回:"嘴甜心苦,两面三刀。"

贾琏偷偷娶了尤二姐的第二天,贾琏的心腹小厮兴儿来请贾琏,说:"老爷那边紧等叫爷呢。小的答应往舅老爷那边去了,小的连忙来请。"

贾琏走后,尤二姐便和兴儿拉起家常来了。兴儿坐

鬼谷子

在炕沿下,一面喝酒吃菜,一面将荣府的事告诉尤老娘和尤二姐。后来不知怎的扯到凤姐身上去了。

尤二姐听了笑道:"你在人背后这么说她,将来背着我还不知道怎么说我呢!我又差她一层儿了,越发有说的。"兴儿听了忙跪下求饶。

尤二姐笑道:"你这小猾贼儿,还不起来!说句玩笑话,就吓的这个样儿。你们做什么往这里来?我还要找你奶奶去呢。"兴儿忙摇手道:"奶奶千万别去?我告诉奶奶:一辈子不见她才好呢!'嘴甜心苦,两面三刀',上头笑着,脚底下就使绊子,'明是一盆火,暗是一把刀'。他都占全了。只怕三姨儿这张嘴还说不过她呢!奶奶这么斯文善良的人,哪里是她的对手。"

八、落井下石

"落井下石"比喻人家有了祸事,非但不救他,反而跟着去打击。

此典出自唐·韩愈《柳子厚墓志铭》:"一旦临小利害,仅如毛发比,反眼若不相识,落陷阱,不一引手

第四章 抵巇

救，反挤之，又下石焉者，皆是也。"

唐朝柳宗元，字子厚，是唐宋八大家之一，他少年的时候，文章就写得很好，也有很大的名气，后来中了进士，当御史大夫时，因参与新政被贬到雍州去做司马，后又调到柳州去当刺史。他死后，柳州人为了纪念他生前对柳州的功绩，建庙奉祭他。

韩愈是那时的大文豪，他看到好友柳宗元被小人所陷害，郁郁不得志而死去，替柳宗元写了一篇墓志铭；其中有一段这样说："唉！读书人要到穷困的时候，才能看出他的气节。现在有些人平常居住在黑巷里的时候，大家互相爱慕，用酒食来作游戏追逐，轻松地亲切地谈笑着，好像很要好似的，能够拿出肺腑给人看一样的知己；还指着天地，流着眼泪。说着生死与共的话，装得很诚恳可信的样子。但是如果有一天为了点小小利害便冲突起来，即使是鸡毛蒜皮的小事，也会闹得反目成仇。你如果被人挤的掉到陷阱里面去，他不但不会求援救你，反而会拿了石头来打击你，这种人是很多。不开化的人和各禽兽尚且还不忍去做的事，他们还自以为做得很对呢？"

 鬼谷子

九、介子推的故事

相传春秋战国时代,晋献公的妃子骊姬为了让自己的儿子奚齐继位,就设毒计谋害太子申生,申生被逼自杀。申生的弟弟重耳,为了躲避祸害,流亡出走。在流亡期间,重耳受尽了屈辱。原来跟着他一道出奔的臣子,大多陆陆续续地各奔出路去了。只剩下少数几个忠心耿耿的人,一直追随着他。其中一人叫介子推。有一次,重耳饿晕了过去。介子推为了救重耳,从自己大腿上割下了一块肉,用火烤熟了就送给重耳吃。十九年后,重耳回国做了君主,这就是著名春秋五霸之一的晋文公。

晋文公执政后,对那些和他同甘共苦的臣子大加封赏,唯独忘了介子推。有人在晋文公面前为介子推叫屈。晋文公猛然忆起旧事,心中有愧,马上差人去请介子推上朝受赏封官。可是,差人去了几趟,介子推不来。晋文公只好亲自去请。可是,当晋文公来到介子推家时,只见大门紧闭。介子推不愿见他,已经背着老母躲进了绵山(今山西介休市东南)。晋文公便让他的御

第四章 抵巇

林军上绵山搜索,没有找到。于是,有人出了个主意说,不如放火烧山,三面点火,留下一方,大火起时介子推会自己走出来的。晋文公乃下令举火烧山,孰料大火烧了三天三夜,大火熄灭后,终究不见介子推出来。上山一看,介子推母子俩抱着一棵烧焦的大柳树已经死了。晋文公望着介子推的尸体哭拜一阵,然后安葬遗体,发现介子推脊梁堵着个柳树树洞,洞里好像有什么东西。掏出一看,原来是片衣襟,上面题了一首血诗:

割肉奉君尽丹心,但愿主公常清明。

柳下作鬼终不见,强似伴君作谏臣。

倘若主公心有我,忆我之时常自省。

臣在九泉心无愧,勤政清明复清明。

晋文公将血书藏入袖中。然后把介子推和他的母亲分别安葬在那棵烧焦的大柳树下。为了纪念介子推,晋文公下令把绵山改为"介山",在山上建立祠堂,并把放火烧山的这一天定为寒食节,晓谕全国,每年这天禁忌烟火,只吃寒食。

走时,他伐了一段烧焦的柳木,到宫中做了双木屐,每天望着它叹道:"悲哉足下。""足下"是古人下级对上级或同辈之间相互尊敬的称呼,据说就是来源

于此。

第二年,晋文公领着群臣,素服徒步登山祭奠,表示哀悼。行至坟前,只见那棵老柳树死树复活,绿枝千条,随风飘舞。晋文公望着复活的老柳树,像看见了介子推一样。他敬重地走到跟前,珍爱地掐了一下枝,编了一个圈儿戴在头上。祭扫后,晋文公把复活的老柳树赐名为"清明柳",又把这天定为清明节。

以后,晋文公常把血书袖在身边,作为鞭策自己执政的座佑铭。他勤政清明,励精图治,把国家治理得很好。

此后,晋国的百姓得以安居乐业,对有功不居、不图富贵的介子推非常怀念。每逢他死的那天,大家禁止烟火来表示纪念。还用面粉和着枣泥,捏成燕子的模样,用杨柳条串起来,插在门的上方,召唤他的灵魂,这东西叫"之推燕"(介子推亦作介之推)。此后,寒食、清明成了全国百姓的隆重节日。每逢寒食,人们即不生火做饭,只吃冷食。在北方,老百姓只吃事先做好的冷食如枣饼、麦糕等;在南方,则多为青团和糯米糖藕。每届清明,人们把柳条编成圈儿戴在头上,把柳条枝插在房前屋后,以示怀念。